# 女医が導く60歳からのセックス

富永喜代
Kiyo Tominaga

# はじめに

「60歳を過ぎてセックスを楽しむなんて……」

「いい歳をしてはしたない」

　これまで長い間、中高年の性にはこのようなネガティブなイメージが抱かれてきました。そして、中高年自身も「もう歳だから」というセリフとともに自らの性欲を否定し、性の楽しみを手放してきました。しかし、60代、70代のセックスは本当にはしたないものなのでしょうか？

　たしかに戦後の日本人の平均寿命は50歳ほどでしたから、その当時、60代でセックスを楽しむのは珍しかったかもしれません。一方、厚生労働省のデータによれば、現在の日本人の平均寿命は男性81・47歳、女性87・57歳です。日常生活をなんら支障なく送れる健康寿命も、男女ともに70歳を超えています。今や60代、70代でも、生き生きとしている人はたくさんいます。それなのに、中高年のセックスや性に対する価値観だけが戦後からほとんど変わらないのは、どこか歪《いびつ》ではないでしょうか。「中高年の性」は、人生100年時代を生きる私たちだからこそ、生まれた課題でもあるといえます。

もちろん性欲には個人差がありますから、セックスはしたい人がすればよいですし、セックスをしなくても人生を謳歌《おうか》できます。しかし、まだまだ性を楽しみたいと思っている人が、世間の目や社会からのプレッシャーによって、その欲望に蓋《ふた》をされてしまう、あるいは自ら諦めてしまうことは、とても残念に感じられてなりません。

「性」は「生」、自分らしく生きる力の源です。適度な運動によって健康が保たれるのと同じように、自分を慈しみながら、健やかに性を楽しむことは、日々の活力につながっていきます。私が主宰するオンラインコミュニティ「富永喜代の秘密の部屋」では、日々、性についての議論が真面目に交わされており、「まだまだパートナーと性生活を楽しみたい」「熟年なりのセックスに開眼した」など、活力に溢れた中高年の声がたくさん届いています。皆さん、とても生き生きとしています。

いくつになっても性は楽しめるし、決してはしたないものではありません。むしろ、適度なセックスは、いくつになっても人生に張りと潤いをもたらしてくれます。ただし、現実的に体力、筋力が若い頃に比べて低下している60代以降は、年齢に応じた性の楽しみ方を身につけなくてはなりません。いうなれば、「熟年の愛の作法」です。

これは、熟年の性が古い価値観によって抑圧されてきたがゆえに、これまであまり語られてこなかったもの。だからこそ、人生100年時代に生きる私たちに、必要なものです。

本書では、いつまでも自分らしく精力的に生きるため、この愛の作法について、一緒に考えていければと思います。

2023年6月

富永喜代

# 目次

## 第二章　60歳のセックス革命

## 第三章　セックスを引き寄せる「熟年の愛の作法」

## 第四章　熟年のための「セックス道」

# 第一章　人生最高のセックスは「60代」に訪れる

## ●最高のセックス年齢

あなたは、これまでの人生で「最高のセックス」を体験したことはありますか？　そしてそれは、何歳のときですか？

性欲旺盛だった20代の頃でしょうか？　それとも30代のとき？　そもそも本を読み始めてすぐに、こんな質問が飛び込んでくるとは、思っていなかったかもしれません。

実はこの質問、私が主宰するオンラインコミュニティ「富永喜代の秘密の部屋（以下、秘密の部屋）」のメンバー30〜80代を対象に行ったアンケートの一部です。この調査結果は、後に「日本性機能学会 第32回 学術総会」という学会でも発表されました。

そして、冒頭の質問の結果は、下のグラフのようになりました。「20代で最高のセックスを経験した」と回答した人が13人、30代が14人、40代が22人、50代が30人、60代が36人、70代が8人。つまり「60代で最高のセックスを経験した」という人が最多となったのです。

この結果を見たとき、質問者の私自身、とても驚きました。なぜなら、かつて中高年が性やセックスについて語る際は、

「もう最近は、思うように勃起《ぼっき》しなくなって……」

「精液の量が減ってしまった」

「妻とは完全に没交渉で」

「昔はムスコがヘソにつくぐらい元気だったんだけど……」

といった愚痴やぼやきが中心で、その文脈はなにかと弱気でネガティブなものばかりでした。なかには「もう歳だから、セックスも〝定年〟だ」と、自分に言い聞かせるように諦めていた人も大勢いました。第二章で詳しくお話ししますが、加齢に伴い体や筋肉が衰え、若い頃のよ

**人生最高のセックス年齢は？**　（男女123人）

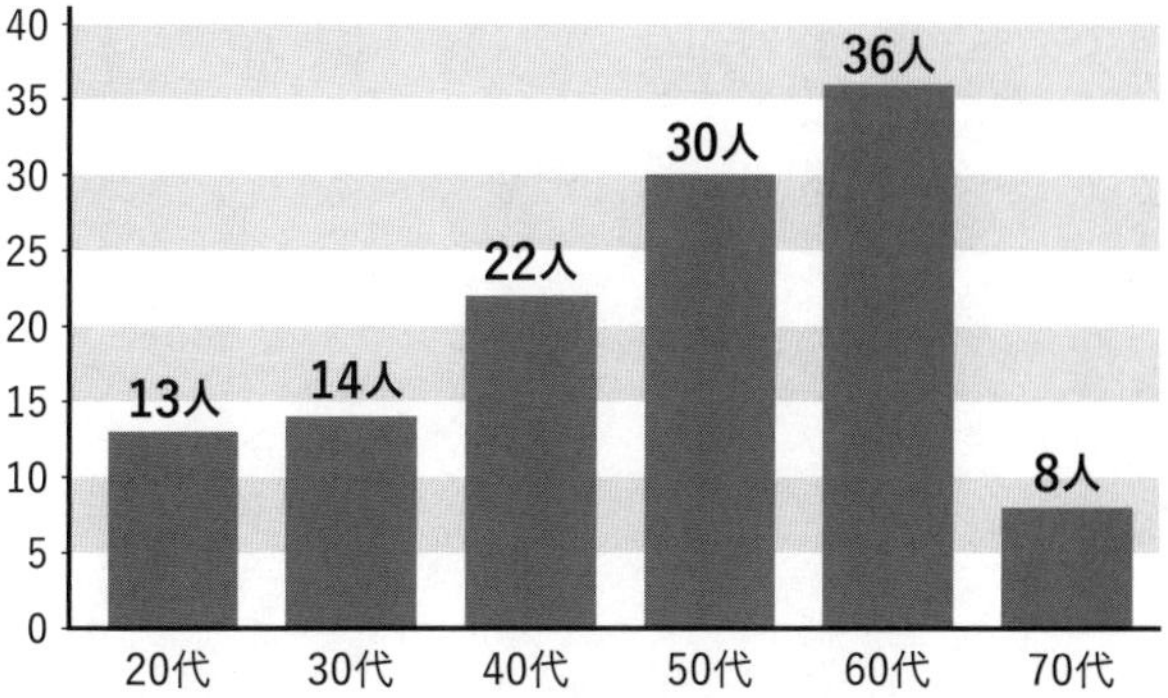


出典：オンラインコミュニティ「富永喜代の秘密の部屋」のアンケートより

うなセックスができなくなるのは、残念ながら当然のことです。若い頃にできていた徹夜が年齢を重ねるとしんどくなるのと同じように、セックスも思うようにできなくなってくる。これが現実です。

また、セックスやマスターベーションから遠ざかって過ごしていると、「いざ」というときに思うように機能しなくなります。「使わなければ性器は劣化する」わけです。

振り返れば、1947年当時の日本の平均寿命は、およそ50歳。そんな時代に、50〜60代でセックスを楽しむことは、あまり考えられなかったのも頷《うなず》けます。しかし、人類未踏の高齢化社会を迎え、男性は約81歳、女性は約88歳にまで平均寿命は延び続けています。平均寿命が90歳、100歳……といった時代も、遠からず訪れるかもしれません。

また、健康寿命（日常生活を制限なく送れる期間）も延び、今や男女ともに70歳を過ぎても、健康的に生活できているわけです。ですから、平均寿命や健康寿命の延びとともに、セックスができる期間、つまり「セックス寿命」も延びていると考えるのは、とても自然なことです。

とはいえ、ただ単に平均寿命とともにセックス寿命が延びたことで、60歳以降に誰もが

「人生最高のセックス」を味わえるとは限りません。私のこれまでの医師としての知識と経験、中高年の性に対する調査結果から、60歳以降でもセックスを楽しむには何が必要か、お話ししていきたいと思います。

## ●60代が、なぜ「最高」なのか?

なぜ50～60代で「人生最高のセックス」が訪れるのか？　さまざまな背景から考えていきましょう。

まずは時間的・経済的背景です。50～60代といえば、仕事では現場を離れて管理職になり、家庭では子育てが一段落して時間的、経済的な余裕が生まれる年代です。最近では、年齢差のある相手ともっとも頻繁にセックスをしているのは、60代男性であるという研究報告もあるようです。

片や30～40代は、50～60代に比べて体力はありますが、仕事や家事、育児に手いっぱいで、ストレスも多い年代です。子どももまだ小さく、思うように夫婦生活を営めないという現実的なハードルもあります。ときに「刺激的な一夜を過ごしたい」と下半身がうずいても、仕事の疲れとストレスでそれどころではない……という人も多いでしょう。家のローンや子どもの教育資金など、なにかと物入りなのもこの年代です。ロマンチックな夜に投資する余裕も、なかなか生まれません。

それが、ようやく50～60代になると子どもも手を離れ、夫婦やパートナーと向き合う余裕ができてくる。セックスはマスターベーションと異なるコミュニケーションですから、相手にじっくりと向き合えたほうが、お互いの満足度が上がるのは自明の理です。

次に中高年の恋愛や出会い、性に対する意識の変化を考えてみます。

近年、中高年の熟年離婚が増加傾向にあります。厚生労働省の「令和4年度 離婚に関する統計の概況」によれば、２０２０年における同居20年以上の「熟年離婚」は、過去最高の21・５％を記録しています。

さらに離婚までいかなくとも、戸籍上の婚姻関係は残してあるものの夫婦が互いにプライベートに干渉せずに生活をする「卒婚」という言葉も、最近はよく聞かれます。

離婚や卒婚で何十年かぶりにシングルになり、再び恋愛市場に参戦する中高年が増えてきています。さらに、ＳＮＳやマッチングアプリなどの普及により、中高年の出会いの場が増加・多様化していることも、恋愛や性への意識の変化を促し、積極的に出会いを求める人も増えています。

時間的、経済的余裕、さらに性や恋愛への関心の高まり、この３つの要素が揃うのが、ちょうど50～60代に差しかかった頃なのです。

## ●40歳を過ぎたら「生き様が顔に出る」

熟年の恋愛やセックスが、若い頃に比べて「最高」な理由。そのもうひとつに、男女ともに人格が成熟してくることが挙げられます。かつて第16代アメリカ大統領のリンカーンは「40歳になったら、人は自分の顔に責任を持たねばならない」と語りました。ノンフィクションの大家である大宅壮一は、「男の顔はその人の人生の履歴書である」との言葉を残しています。つまり、熟年を迎えるとその人の人格が容姿やまとう空気ににじみ出るので、若い頃のように「イケメンだから」「美人だから」と勢いで恋愛することが少なくなります。むしろ、本当に尊敬し、愛すべき相手を選び、じっくりと向き合うようになる。それがパートナーの場合、「もう一度妻に恋をする」「もう一度夫に恋をする」という形になります。いずれにせよ人生経験を積んで成熟した男女が、勢いやノリに頼らず、時間をかけて慕い合うのが熟年の恋愛でありセックスです。

若い頃のように、誰も彼もと付き合うわけにはいきません。男女ともに人格が顔に出るので、自分に合う魅力的な異性はそうそう見つかりません。妻一筋、夫一筋という人も、もちろん大勢います。それくらい、熟年になると愛し合えるパートナーは得がたくなります。

こうした状況下では自然と、愛した異性と長く、深く関係性を築いていくことになります。夫婦はもちろん、恋人もそうです。ときには知り合ってから5年、10年と経ち、お互いの人柄を熟知して、「やっぱり自分にはこの人が合う」と友人・知人から恋愛に発展することも珍しくありません。

熟年の恋愛やセックスは、互いを深く知って人柄に惹かれあった二人、人生の多くの時間をともに歩んできた二人の間で営まれるケースが多く、それゆえ若い頃には経験できなかった感動が生まれるのです。

## ●熟年が青年に勝る「セックススキル」とは？

もちろん、こうした条件だけが揃っても、誰の身にも「人生最高のセックス」が訪れるとは限りません。ここで欠かせないのが、「セックススキル」と呼ばれるものです。スキルという言葉に、百戦錬磨のＡＶ男優が繰り出す手技やアクロバティックな体位をイメージする人もいるかもしれません。

しかし、ここでいうスキルとは、「相手のしてほしいことを叶えるため手元に選択肢をたくさん持っている」こと、そして、「状況に合わせて選択肢を相手に提示できる」こと――いわば「大人の余裕」といわれるものです。

自身の経験を振り返り、「20代の頃は、相手がどう思っているかなど考えるヒマもなく、力任せで独りよがりなセックスをしていた」「あのとき、もしかしたら相手を傷つけてしまったかもしれない……」など、苦い思い出がよぎる人もいるのではないでしょうか。肌と肌を重ねるという、ある意味、とてもリスキーなコミュニケーションであるセックスは、いつもうまくいくとは限りません。経験の浅い若い頃はなおさらで、誰しもそんな後悔を抱えているものです。

しかし、50～60代になると、これまでの経験を生かし、相手の反応を見ながら対応する余裕も生まれてきます。若い頃の後悔や反省が糧《かて》となるのです。

「この女性は、騎乗位が感じるみたいだから、今日は騎乗位を多めに取り入れよう」「この子は後背位だと少しつらそうだから、代わりに正常位をいっぱいしよう」といった具合です。自分で手いっぱいになりがちな若い頃と比べ、一歩引いて、相手とのコミュニケーションを楽しめるようになります。

相手が喜ぶことを想像しながら、自分の希望や欲望よりも二人の関係性を優先し、合わせていく。このとき、主語は常に「相手」にあります。

もちろん、こうした大人の余裕は、単に年齢を重ねただけで身につくものではありません。相手を思いやる優しさや深い洞察力、豊かな想像力が必要になります。

事実、中高年になっても、「オレは、正常位でガンガン腰を振ってイクのが好きなんや！」「フェラチオは喉奥深くまで咥《くわ》えてもらわんとな！」など、相手が感じているかどうかは二の次で、ただひたすら自分の欲求を発散するだけ……という残念な人もいます。

このような状態は、到底「最高のセックス」といえるものではありません。

独りよがりなコミュニケーションを繰り返すパートナーに愛想を尽かした末、子どもが成人したことを機に熟年離婚をした……という夫婦も珍しくありません。そこまでいかずとも、パートナーの独りよがりなセックスにノーとはいえず、セックスが義務化し、苦痛を伴う「お務め」になってしまっている人も多くいます。富永ペインクリニックの性交痛外来には、セックス時の痛みに我慢に我慢を重ねた末、どうにもならず門を叩いてくる女性が大勢います。


話をセックススキルに戻しましょう。

具体的なベッドでの立ち居振る舞いについては、第四章で詳しくお話ししますが、中高年の体力に見合ったスキルを身につけることで、セックスの満足感も格段に向上します。また、相手への愛情や思いやりを効果的に伝えることもできます。

若い頃の血気盛んなセックスを振り返り、「何の苦労もせずに勃起して、一日何回も恋人と体を重ねていたな」「もうあんなセックスはできないのだな……」と、懐かしさと同時にやりきれなさを抱えている人もいるでしょう。しかし、女性にとって激しすぎるセックスは、ときに「脅威」ともなります。女性のクリトリスや膣《ちつ》は快感を得る部位であると同時に、他者が触れることのできる「臓器」でもあります。欲望のままに腰を振るピストン、アダルトビデオを鵜呑《うの》みにしてゴシゴシと膣を指で擦《こす》ったり、激しすぎる胸への愛撫……こうした未熟なセックスを前に、「自分の体を傷つけられるのではないか？」と身構える女性も少なくありません。もし相手が経験を積んだ女性なら、はっきりとノーを突きつけられるでしょう。一方、相手を思いやるセックススキルの備わった50〜60代には、相手も安心して身を委ねられます。

たしかに筋力が衰え、体力や勃起力が低下する中高年は、若い頃のようなアグレッシブなセックスはできなくなりますが、今は必要に応じてサプリメントやED治療薬、陰圧式の勃起補助具などを効果的に用いて、衰えをケアすることができます。ですから、体力はあってもスキルが不足しがちな青年に比べ、スキルがある50〜60代＝熟年のほうが、総合的にセックスの満足度を高められるのです。

## ●性に貪欲な中高年たち

また、「人生最高のセックス」へとたどりつくには、個人の日々の努力も欠かせません。「秘密の部屋」では、日々、「いかにいいセックスができるか？」について、あらゆる質問が飛び交っています。

「普段は亜鉛とマカのサプリを飲んでいますが、最近はレスベラトロールというサプリが効くと聞きました」「オリーブオイルが勃起力維持につながると聞いたのですが、先生はどうお考えになりますか？」「筋トレのためにジムに通って、1日30分のウォーキングを習慣にしていますが、何か効果的なトレーニング法はありますか？」といった具合です。

世間一般で「精力がアップする」と言われているマカや亜鉛などのサプリメントや食材を試しているのは、当たり前。「もっと効果的なものはないか？」「もっと自分ができることはないか？」「新しい情報はないか？」と、皆さん、あくなき探究心を持って性、セックスを楽しんでいます。ときに専門家顔負けの知識を有する皆さんの熱意には、主宰者の私も舌を巻くほどです。

ちなみにEDに効果的なサプリメントでいえば、目下話題なのが「レスベラトロール」です。レスベラトロールは、植物が体を守るためにつくるポリフェノールの一種で、赤ワインのほか、ブドウやピーナッツの薄皮などに含まれています。このレスベラトロールが悪玉コレステロールの酸化を抑制し、動脈硬化のリスクを下げる働きをするといわれています。第二章で詳しく取り上げますが、EDは「動脈硬化の初期症状」ともいえる状態ですから、レスベラトロールは心疾患や脳血管疾患の予防だけでなく、ED予防に役立つことが期待できるわけです。

また、「秘密の部屋」のメンバーにヒアリングしたところ、動脈硬化予防、抗酸化作用のあるオリーブオイルをたっぷり摂《と》れる「地中海料理」や、ミネラルやビタミンが豊富な季節のフルーツを食べるという人も多くいます。精力増強に効果があるといわれている黒ニンニクも人気。これらはセックス寿命を延ばすだけでなく、健康にも寄与します。やはり、「性」は「精」であり「生」なのです。

もちろん、ＥＤ治療薬を服用しながらセックスを楽しんでいる中高年も、数多く存在します。富永ペインクリニックでは、ＥＤ外来のオンライン診療も行っているのですが、「今日はレビトラ、30個お願いします」と元気にやってくる60代、70代の常連さんもいらっしゃいます。「勃《た》たぬなら、勃たせてみよう」と、とても潑剌《はつらつ》としています。

人生最高のセックスは、年齢を重ねるうちに、向こうからやってくるものではありません。むしろ、年齢や衰えを言い訳にせず、現状を受け入れた上で、前向きに性を追い求めた結果、性生活が充実し、パートナーとも良好な関係を築いていけるのです。

前にお話しした「秘密の部屋」メンバーたちのように、「死ぬまで現役」でい続けるために努力を惜しまない姿勢は、これまでの「中高年の性」の固定概念を打ち破るものです。

話は少し逸《そ》れますが、オリンピック選手が大勢の観客の前で最高のパフォーマンスを発揮できるのは、日々の努力や鍛錬の賜物です。勝つか負けるかわからない緊迫感のある試合で、彼らの唯一の心の拠りどころになるのは「自分はこれだけ練習してきたんだ！」という確固たる自信です。この自信があるからこそ、アスリートは本番で最高のパフォーマンスを繰り広げられるわけです。日頃の鍛錬をおろそかにして、試合当日にぶっつけ本番で挑むとしたら、どんなに超人的なアスリートでも十分に能力を発揮できません。私はこれを「五輪の法則」と呼んでいます。

もちろんセックスはスポーツの試合のような勝ち負けではありませんが、「常日頃、自分はこんな努力をしてきたんだ」という積み重ねが自信となり、相手を思いやる余裕も生まれ、豊かなコミュニケーションとしての「人生最高のセックス」に結実するのです。

## ●人生最高のセックスを味わうための「富永メソッド」

人生最高のセックスを熟年になって迎えられるかどうか、その目安になるものがあります。それが「朝勃ち」です。皆さんは、毎朝きちんと朝勃ちをしていますか？

ご存じのように朝勃ちは、性的な刺激や興奮とは無関係にペニスが勃起する自然な生理現象です。しかし、加齢やストレスなどで男性ホルモンの一種、テストステロンの分泌量が低下すると朝勃ちが消失するといわれています。「朝勃ちをしなくなった＝テストステロンの低下のサイン」というわけです。

テストステロンは、筋肉・骨格の成長を促したり、性欲・性衝動を引き起こす役割を担っています。それ以外にも前向きな思考・やる気・集中力を生み出すといった情緒面にも深く影響を及ぼしています。社会的な文脈での「男らしさ」のイメージに深く関わってくるホルモンです。

20代、30代の頃は、何もしなくても朝勃ちをしていたものの、中高年になって「気づいたら、朝勃ちをしていない」という人は要注意です。「朝勃ちの消失＝テストステロンの低下」ですから、それに気づいたタイミングで、適切な対策を立てられるか、逆に「もう歳だから仕方ない」と諦めて放置してしまうか、これこそが「人生最高のセックス」を熟年で迎えられるかどうかの分かれ道です。

では、一体何をすればいいのでしょうか？

まず基本となるのは、生活習慣の見直しです。「そんなこと、人間ドックで言われているし、耳にタコだよ」と思った人もいるかもしれませんが、これから私がお話しするのは「セックスに効く生活習慣」の改善です。

基本となるのは、やはり食事、睡眠、運動です。定期的に運動をし、脂質の多い食事を改善する。7～8時間の睡眠を確保し、睡眠時無呼吸症候群に該当する人は治療を行うなど、日常生活から見直しを図りたいところです。

特に肥満は、充実した性生活を送る上で大敵です。まず、ぽっちゃりとした肥満型の男性は筋肉量が少なく、その見た目からテストステロンの量が少ないことを訴えているようなものです。さらに肥満は、高脂血症や糖尿病のリスク要因となります。体に過剰に蓄積した脂肪は、血液中のコレステロールや中性脂肪の増加を引き起こし、動脈内に脂肪が蓄積することで動脈硬化を進行させるリスクがあります。動脈硬化が心臓に起こったら狭心症や心筋梗塞《こうそく》に、頭部に起これば脳梗塞に至り、心臓や脳よりも細いペニスの動脈が詰まるとＥＤに陥るわけです。

前にお話ししたとおりテストステロンが朝勃ちのカギを握っていますが、筋トレなど無酸素運動によって筋肉に負荷をかけることで、このテストステロンを増やすことができます。特におすすめが、スクワット。スクワットでは、大腿四頭筋や臀筋《でんきん》といった大きな筋肉が刺激され、体が筋肉を修復・成長させるためにテストステロンを分泌するようになります。また、適度なウォーキングやランニングなどの有酸素運動で下半身の筋肉を鍛えることでもテストステロンの分泌は高まり、肥満解消やＥＤ予防、中折れ防止にもつながります。

しかし、「そうは言っても運動はなかなか……」という方もいるでしょう。そんな方には、ＥＭＳ（Electrical Muscle Stimulation 電気刺激によって筋肉のトレーニングをサポートする機器）を利用し、「セックス筋」ともいわれる骨盤底筋を鍛える方法もあります。また、薬局で手に入るテストステロンを補充する薬剤もあります。これらは第二章で詳しく取り上げるのでお楽しみに。

また、サプリメントを利用するのも一案です。

先に挙げた「レスベラトロール」が好例で、フランス人はチーズやバターなどの乳製品や肉類、フォアグラといった動物性の脂肪の摂取量が多いにもかかわらず、動脈硬化になる人が少なく、心臓病の死亡率も低いことが知られています。これは「フレンチ・パラドックス」と呼ばれるもので、フランス人が日常的に飲んでいる赤ワインに含まれるポリフェノール、特に「レスベラトロール」に動脈硬化や脳梗塞を防ぐ抗酸化作用があるためだと考えられています。

また、「コエンザイムQ10」は、抗酸化作用で動脈硬化を予防し、細胞でエネルギーを生み出すことで持久力がアップするので、中折れ対策にもつながります。その他にも、血管拡張、血液をサラサラにする働きがある「イチョウ葉エキス」は、男女ともに性的興奮を促す作用があるといわれており、性欲が減退してきた人にもおすすめです。

深刻なEDに悩まされている人には、バイアグラ、レビトラ、シリアスといったED治療薬（PDE5阻害薬）があります。体質的に薬を飲めない人、薬に頼りたくない人には、「ビガー（Vigor）」という陰圧式の勃起補助具が有効になります。

性器は臓器であり、男女ともに使わなければ劣化していきます。セックスやオナニーといった性行為はもちろん、もし勃起障害に悩んでいるのであれば、ビガーなどの機器を使って半ば強制的にペニスの血流を促し、酸素や栄養素をペニスに送り届けることが重要になります。中高年にとっては勃起、およびオナニー、セックスは、単なる快楽だけでなく性器の機能維持という側面も有しています。これについても第二章で詳しくお話ししていきます。

加齢に伴い、若い頃のようなセックスができなくなるのを、誰しも避けることはできません。しかし、医療技術が進化した現代において、50代、60代で人生最高のセックスを味わうためのツールや手段は、数多く用意されています。

口にこそ出しませんが、すでに自分なりの工夫を見いだし、充実した性生活を送っている人も大勢います。ＥＤ治療薬など医師の診断が必要な場合は、オンライン治療をうまく利用してプライバシーを守りながら、ひそかに「人生最高のセックス」を探求している人もいます。

片や、「もう歳だから仕方ない」と年齢を理由に無策なままでセックスそのものを諦めてしまっている人は、40代で朝勃ちが消失し、そのままセックスを卒業せざるを得なくなってしまいます。これは「中高年の性の二極化」ともいえる現象です。

本書では、物理的なアプローチだけでなく、精神面からも中高年が精力的に生きるためのセックスへの向き合い方、「セックス道」ともいえるアプローチも論じていきたいと思います。

### ●女性も「性的な成熟」は熟年になってから

中高年になって、人生最高のセックスを迎えるのは、なにも男性に限った話ではありません。女性も、熟年になって精力的に性生活を楽しんでいる人はたくさんいます。

年齢を重ねると女性の心と体は、若い頃とどのように変わるのか？　性欲に変化はあるのか？　それらを理解する上でカギとなるのが、「女性ホルモン」です。

女性は中高年になると卵巣の機能が停止し、閉経を迎えます。閉経は「最後に月経があってから、1年間、月経がないこと」と定義され、閉経を挟んだ前後5年の10年間が「更年期」といわれます。閉経も更年期も、「今日、閉経を迎えた」と明確にわかるものではなく、あとから振り返ってみないとはっきりとわからないものです。

女性が更年期に差しかかると、それまで卵巣から分泌されていた女性ホルモン、エストロゲンが激減します。エストロゲンは排卵や月経を引き起こし、妊娠に必要な子宮の環境を整える役割のほか、関節、骨筋肉、肺、心臓、血管、さらには感情、自律神経の働きなど全身の至るところに関わるホルモンです。エストロゲンが急激に減ることで、めまいやホットフラッシュ、不眠、性交痛や性欲低下などの症状が出ることもあります。これらを総称して更年期障害と呼びます。

更年期障害には個人差がありますが、なかには膣粘膜が薄くなったり、濡れづらくなる、セックスで挿入されると痛みを覚えるなど、性交時に不快な症状や痛みが重なり、「もはやセックスどころではない」と考える女性も少なくありません。もちろんセックスは義務ではないため、挿入のあるセックスをしなくても何の問題もありません。

しかし、女性の体で分泌されているホルモンは、女性ホルモンだけではありません。実は女性の体でも、卵巣や副腎で男性ホルモンの一種、テストステロンが分泌されているのです。その量は、男性の10分の1程度といわれています。

そして、更年期においてエストロゲンは激減しますが、テストステロンは必ずしも下がりません。このことにより、女性の体の中では相対的にエストロゲンよりもテストステロンが高くなる、という現象が起こります。そのため中高年の女性のなかには、今まで以上に性衝動が強くなり、性的にアクティブになる人がいると考えられています。

また、卵巣機能が停止し、閉経を迎えることで、女性は妊娠する可能性がなくなります。もちろん望んでいる人にとって妊娠は大変喜ばしいことですが、女性にとって非常に大きな身体的、精神的な負担を強いる側面もあります。ですから、閉経を迎えることで、「ひょっとして今、セックスをしたら妊娠してしまうかもしれない」という不安から解放され、セックスそのものを楽しめるようになる女性も少なくありません。子どもが自立し、母としての役割が一段落するのも、ちょうど閉経を迎えるこの時期です。

女性が50代、60代でセックスを楽しみ、性的成熟を迎えることの背景には、こうした身体的・社会的な役割の変化が存在しているのです。

とはいえ性欲は、ホルモンの値《あたい》だけで測れるものではありません。特に女性の場合は、環境によっても性欲は大きく左右されます。最近では、中高年の女性が韓流スターや若いアイドル、スポーツ選手にハマることはもはや珍しくありません。〝推し活〟や〝エアー恋愛〟といった言葉も流行っています。

仮に、「最近は、性欲もすっかりなくなってしまって……」と嘆いている更年期世代の女性がいたとします。たしかにエストロゲンの量は激減しているかもしれませんが、目の前に〝推し〟のイケメン俳優が現れたらどうでしょう。遠い昔に忘れていた胸のトキメキがよみがえり、胸の内ではひそかにセクシュアルな想像をするかもしれません。

このようなトキメキは、ホルモンだけでなく脳内物質にも大きく関与するといわれています。特に大きな関わりがあるのが、興奮性の神経伝達物質であるドーパミンです。ここでは深追いは避けますが、この本を手に取っている皆さんなら、一度は聞いたことがあるでしょう。

人間の性的な欲求は、男性ホルモンや女性ホルモンだけが決めるのではなく、最終的には脳が決める部分も非常に大きい。これは男女共通していえることです。

トキメキは、いつ何時《なんどき》やってくるかわかりません。いくつになっても〝いつでもフォーリンラブできる体〟をつくっておきたいものです。

## ●「性と精」の好循環〜なぜ中高年のセックスが重要なのか？

これまで世間一般には、年齢を重ねるごとに人は性に対して保守的になり、「もう歳だから」とセックスを諦めざるを得ないイメージが漠然と抱かれていました。しかし、先に挙げた私の調査結果からもおわかりになるように、医療技術も発達し、コミュニケーションツールも豊かになった現代では、いい意味で性、セックスに対して貪欲に向き合っている中高年が大勢いることがわかりました。

ここで重要なのは、セックスを楽しむには、相手となるパートナーの存在が必要であることです。たとえ自分が「死ぬまでセックスしたい！」と強く願っても、パートナー不在のままでは成り立ちません。単に射精をして、一時的な性的快楽を得たいだけなら、マスターベーションをしたり、性風俗を利用して性欲を解消してもよいでしょう。しかし「人生最高のセックス」、つまり、相手としっかりと心が通い合った愛に満ちた性生活を求めるならば、他者という存在抜きには考えられません。

単にパートナーの有無だけでなく、自分がどのように他者と関わって生きているのか、生きていきたいと考えているのか——いわば、他者とのコミュニケーションのあり方やその人の生きざままで問われてくる。これがセックス、性の奥深さです。

セックスは単なる快楽にはとどまりません。人と人との究極的なコミュニケーションとしてセックスは存在します。そして性は、誰のものでもないその人の核となるもの、いわば尊厳です。

性欲や性的な衝動は生きていく上で重要ですが、女性と見たら誰彼構わず声をかけ、「ヤレる／ヤレない」など、まるで女性をモノ扱いするような姿勢でパートナーと向き合ったままでは、「人生最高のセックス」には到達することはできないでしょう。

もしも、あなたが目の前のもっとも親しい相手のことを蔑《ないがし》ろにしたまま、独りよがりなセックスを続けているとしたら……目の前の相手の「性」を尊重しない人が、社会のなかで円滑なコミュニケーションを取れるでしょうか。そうした人は、周囲から人が離れ、やがて孤独に陥り、セックスする相手も現れなくなっていくでしょう。

逆に、パートナーと深い満足感のあるセックスを交わすことができれば、愛情・愛着が深まると同時に自分への自信も芽生え、生活全体に張りが生まれ、精力もみなぎります。今を生きている実感と活力は、社会と良好な関係を築く原動力にもなります。性が充実すれば、精がみなぎり、精がみなぎれば、さらに性も充実する。これこそ「性」と「精」の好循環です。

しかし、年齢を重ねていくとどうしても避けられないのが、加齢によるEDや早漏・遅漏、中折れなどの問題です。これらによって、せっかくうまく循環していた「性」と「精」のサイクルが、うまく回らなくなってしまうケースがあります。さらに問題が深刻化すると、第三章で挙げるような「スキンハンガー」（皮膚接触渇望、身体的コミュニケーションへの強い欲求）となり、精神的に不穏になったり、孤独感を深めて世間から孤立してしまう……といった事態も引き起こされます。

性は精であり、生きる強さにもつながります。さらに誰からも侵されない、その人の尊厳という意味で「聖」でもあります。人生１００年時代といわれる今、人生後半戦を生き抜く上で、性生活は私たちが思う以上にとても大切なカギを握っているのです。

# 第二章　60歳のセックス革命

## ●熟年の性の悩み「ベスト5」

「最近、勃起がしづらくなった」
「思わぬタイミングで射精してしまう」
「挿入はできても、フィニッシュできない」

年齢問わず、性やセックスの悩みは尽きないもの。そして、誰かに相談しづらいものです。第一章では、「人生最高のセックス」を迎えるためのおおまかな道すじを提示しましたが、「性」と「精」の好循環を生むためにも、まずはその障害となる悩みを克服しておきましょう。

「秘密の部屋」で中高年に気になるセックスの悩みを聞いたところ、もっとも多かったのが「勃起不全」（ＥＤ）でした。そして、第2位は「中折れ」、第3位は「セックスレス」、第4位は「パートナー探し」、第5位は「早漏」、第6位は「遅漏」と続きます。

中高年男性をもっとも悩ませている「ＥＤ」。

「いざ！」というタイミングで思うように勃起しなかったときの気まずさ、焦り、「オレはもう男として終わりなのだろうか」という喪失感……。ＥＤは男性にとって、女性が想像する以上に自信を喪失する体験だといわれています。また、「愛する人を満足させてあげられない」「通じ合いたい人と通じ合えない」といった悲しさ、虚しさに苦しむ人もいます。

なかには、よく「自分は時々、中折れはするけど、とりあえず勃起はするからＥＤじゃないだろう」と考える人もいますが、実はそれもＥＤです。

ＥＤとは「満足な性行為を行うのに、十分な勃起が得られない状態」、もしくは「勃起を維持できない状態が持続してしまう／もしくは再発した状態」と定義されています。つまり、中折れしたり、勃起時のペニスの硬さが十分でないことも「満足な性交為が行えない状態」とみなされるため、ＥＤに含まれるのです。

「なかなか勃起しづらい」「性欲はあって興奮するけど、ペニスがピクリともしない」「勃起はしても硬さが不十分」「勃起して挿入までできても、途中で膣から抜けてしまう」など、ＥＤの症状は実にさまざまです。同じ人でも、日によって症状が変わることもあります。また、まったく勃起しない状態を「完全ＥＤ」といいます。

　欧米7か国の50歳から80歳、1万2815人を対象とした研究では、50代では約30%、60代では約51%、70代では約76%になんらかのＥＤの症状がみられるという結果が示されました。日本でも、その割合はさほど大きく変わりません。

「歳を取ったら、ＥＤは避けられないのか」――そう思うかもしれませんが、悲嘆に暮れることはありません。

　先の欧米におけるデータを見ると、たしかに50代では3人に1人、60代では2人

**日本におけるED有病率（全国合計）**　（%）

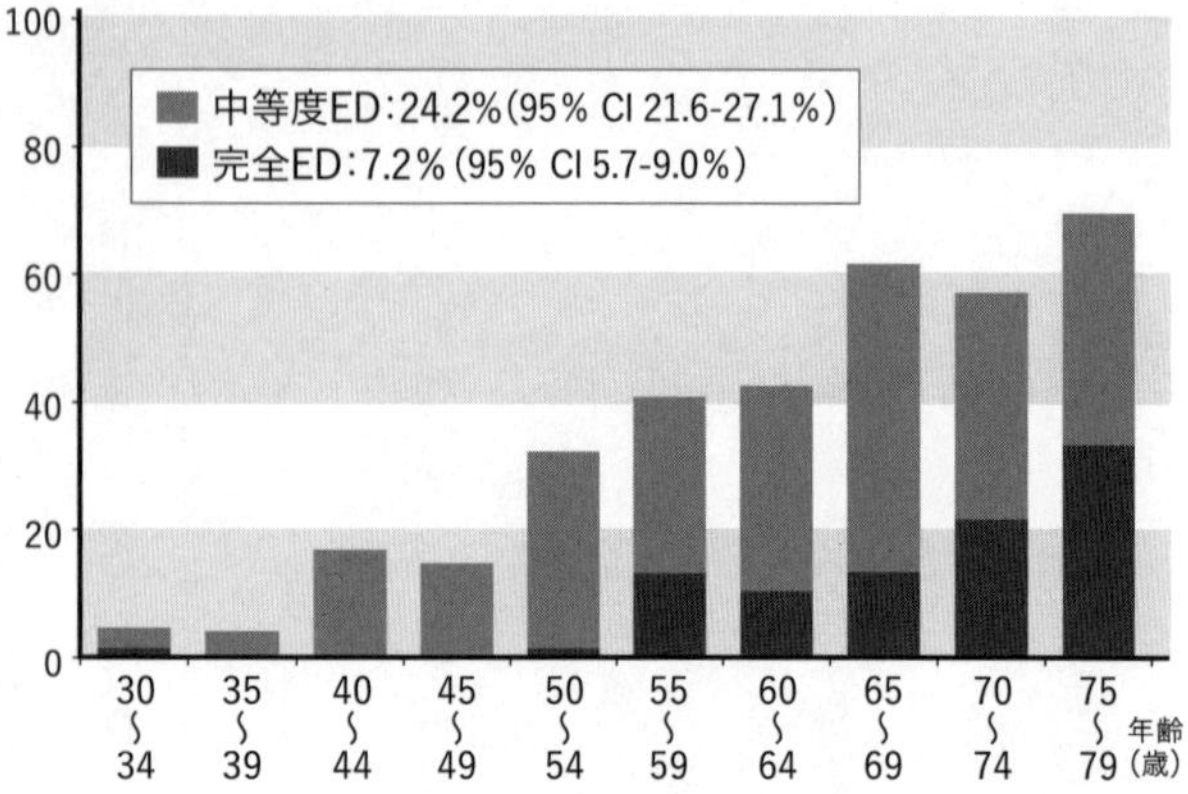


出典：日本性機能学会　ED診療ガイドライン［第三版］

に1人、70代では4人のうち3人にEDの症状があります。しかしこれは、逆にいえば50代では3人に2人が、60代なら2人に1人が、70代では4人に1人は「EDではない」ことも示しています。

つまり、いかに60代で2人に1人いる「現役組」に入るかを考えればよいわけです。そう考えると、少しは肩の力が抜けてきませんか？

結論からいえば、中高年のED対策には「血管・筋肉・神経」の3つの要素を鍛えることが必要です。ペニスの血流を良くすること、勃起を維持するための筋肉を鍛えること、そして勃起と射精がスムーズにいくための神経の働きを整えること、この3つの要素をトレーニングすることでペニスの健康状態を維持できるのです。この章では、「血管・筋肉・神経」を鍛える観点から、勃起力維持のためのノウハウを詳しく説明していきます。

## ●EDの2つの要因

EDには、大きく分けて2つの要因があります。

①身体にＥＤになる原因がある「器質的、身体的要因」
②心理的なストレスなどの原因がある「心理的要因」

この２つです。

器質性ＥＤ（身体的要因）の引き金は、計15個あります。加齢・糖尿病・心血管疾患・高血圧・テストステロン低下・慢性腎臓病・神経疾患・外傷・手術・うつ病・薬剤・睡眠時無呼吸症候群・肥満・運動不足・喫煙です。

心因性ＥＤ（心理的要因）は、過去の失敗の記憶から「今回もうまく勃たなかったらどうしよう」と不安を予期してしまうもの、不妊治療において「今日、このタイミングを逃したらダメだ」というプレッシャーによるもの、アダルトビデオなら勃起するのに妻とのセックスでは勃起しないという「妻だけＥＤ」と呼ばれる夫婦関係に起因するものなど、実にさまざまです。

ＥＤの原因には、自分ではどうしようもできないものがあります。なかでも「加齢」はその最たるものです。原因を見極めるのは大切ですが、厳格に「なぜそうなったか」という原因ばかり追究しても、症状の改善につながるとは限りません。

ですから、自分ではどうしようもない部分にこだわるのではなく、今、改善できる部分にしっかりとアプローチすることが、ＥＤ治療にとってはベストといえます。

## ●自力でできるＥＤ治療

ＥＤを治すためのアプローチとして、「バイアグラを飲めばいい」と言う人もいます。もちろんそれも間違いではありませんが、「ＥＤ＝バイアグラ一択」という考えは拙速です。

ここで、医療現場におけるＥＤ治療についてお話ししましょう。

ＥＤ外来などの医療機関では、日本性機能学会と日本泌尿器科学会が共同でまとめた『ＥＤ診療ガイドライン』に沿ってＥＤの治療を行います。これは、医療従事者に向けて書かれた手引書のようなものです。

私たち医師が患者さんの診療にあたるときは、『ＥＤガイドライン』に則り、患者さんのお話を聞き、原因を探るところから始めます。

たとえば、患者さんが高血圧のコントロールがうまく行われていない、糖尿病の血糖値が安定していないという場合には、高血圧や糖尿病がEDの原因だと考えます。糖尿病になると神経にも障害をきたすため、脳からの勃起指令が性器に伝わりません。また高血圧になるということは、動脈の血管が硬く細くなっている状態なので、当然ペニスにも血液はうまく流れ込みません。また、「いびきが時々止まる」と訴える患者さんは、睡眠時無呼吸症候群を疑い、これもEDの原因と考えます。睡眠時無呼吸症候群は、高血圧や糖尿病などを併発している場合も多くみられます。

糖尿病、高血圧、高脂血症……これらは生活習慣病といわれるものです。また、肥満やタバコをたくさん吸っている、脂質の多い食事をしている、運動不足に陥っているといった場合も、まずは生活習慣を改め、EDをもたらす要因をひとつずつ排除していくように指導します。

ここまでたくさんのEDに至る要因を挙げてきましたが、「肥満・運動不足・喫煙」は自分で改善できるものです。米国の研究では、週に2・5時間以上のランニングをしている人は、EDのリスクが30％ほど低下したというデータもあります。週2・5時間といえば、1日30分程度です。男性としての自信を失うリスクを1日30分のランニングで防げると考えれば、そこまでハードルは高くないはずです。また、運動の強度が増せば増すほどEDのリスクが低下することもわかっています。

適度な運動は糖尿病や高血圧、心疾患にも良い影響を与えます。また、運動によって負荷をかければ筋力もアップし、男性ホルモンのテストステロンの分泌量も増加します。うつ病も適度な運動によって改善が促されるといわれています。睡眠時無呼吸症候群も肥満が大きな引き金といわれており、定期的に運動する習慣を取り入れて減量できれば、EDの改善が見込めます。

「性」と「精」の好循環のように、運動を起点として、実にさまざまな好循環が体に生まれます。適度な運動は単に勃起力を取り戻すだけでなく、健康で精力に溢れた体をもたらしてくれます。

まずは「ED＝バイアグラ一択」と考える前に、生活習慣を見直すこと。それだけで自力でEDを解決することも、十分可能なのです。

## ●ED＝「動脈硬化の初期症状」

「勃起」と聞くと、一般的にはペニスに血液が流れ込むことをイメージする人も多いでしょう。「ペニスが脈打つ」という表現もあります。

男性の場合、性的な刺激を受けると、まず脳の中枢神経が興奮し、その情報が脊髄《せきずい》神経を通ってペニスに伝わります。すると、これが勃起のGOサインとなり、一酸化窒素（NO）が放出され、血管が拡張し、陰茎海綿体《いんけいかいめんたい》に血液が流れ込んで勃起が起こります。

しかし、そうやってペニスの海綿体に流れ込んだ血液がすぐに心臓に戻ってしまえば、また元通りになってしまいます。大量に流れ込んだ血液をペニスにとどめておくことによって初めて、勃起状態が維持できるわけです。簡単にいえば、勃起には、①血液が滞りなく流れ込むこと、②流れ込んだ血液をペニスにとどめておくことの2つの機能が必要になります。

それでは、まず血液の流れについて考えてみましょう。血液は心臓から全身を巡り、再び心臓に戻るわけですが、心臓から血液を運ぶ「往きの道路」が動脈です（「帰りの道路」が静脈となります）。

動脈は体に必要な酸素や栄養分を運んでいますが、この動脈の壁にコレステロールが溜まってしまうと、血管は硬くなり柔軟性を失い、血液の流れが悪くなってしまいます。この症状が「動脈硬化」です。

動脈硬化による血液の詰まりは、全身で進みます。動脈硬化が脳で起これば脳梗塞に、心臓で起これば狭心症や心筋梗塞に、ペニスの動脈（陰茎背動脈）が詰まるとEDに陥ってしまいます。しかも、心臓の冠状動脈の太さは3～4㎜、心臓から脳へ血液を送る内頸《ないけい》動脈《どうみゃく》の太さは5～7㎜であるのに対して、陰茎背動脈の太さはわずか1～2㎜。つまり、非常に細い陰茎背動脈は、動脈硬化の影響を真っ先に受けやすい血管であるといえます。そのため、「EDは動脈硬化の初期症状」ともいわれます。

心臓から送り出された血液がペニスにたどりつくまでには、長い道のりを経ています。心臓からスタートし、背骨に沿って動脈を下降し、骨盤の後ろ、さらに骨盤の底（骨盤底筋）を通って、ようやくペニスにたどりつきます。

　心臓からペニスまで、体内の長い旅を経た血液が行きつく先は、わずか1～2㎜の陰茎背動脈。そのとても細い血管が、動脈硬化によって硬くなってしまったとしたら……血液の流れが悪くなるのは、イメージしやすいかと思います。

## ●ペニスの血流を促す「PDE5阻害薬」

「動脈硬化の初期症状」といわれるEDですが、一時的にペニスの血流を促し、勃起を手助けしてくれるのが「PDE5阻害薬」（ED治療薬）です。

　前にお話ししたとおり、ペニスの血管は1～2㎜程度と非常に細いものです。しかし、性的な刺激を受けることでcGMP（環状グアノシン一リン酸）という物質が作用して、血管が拡張し、陰茎海綿体に血液が流れ込むことでペニスが勃起します。

　このとき現れるのが「PDE5（ホスホジエステラーゼ5番）」という酵素です。普段はcGMPとPDE5がバランスよく作用することで、男性のペニスは勃起をしたり、萎《な》えたりするわけですが、なんらかの原因によって血管を拡張させるｃＧＭＰの量が減ると、相対的にＰＤＥ５が強く作用してしまい、勃起が起こらなくなってしまいます。このＰＤＥ５の働きを阻害する薬がＰＤＥ５阻害薬（ＥＤ治療薬）です。

日本で認められているＥＤ治療薬は、バイアグラ、レビトラ、シアリスの３つです。それぞれ服用してから薬の効果が表れるまでの時間や効果の持続時間などに違いがあるので、飲み方には注意が必要です。

よく「ＥＤ治療薬を飲めば、性的欲求が高まってムラムラするんですよね？」と聞かれることもありますが、ＥＤ治療薬はあくまでも血行

## ED治療薬の種類と特徴

| 商品名（一般名） | バイアグラ（シルデナフィル） | レビトラ（バルデナフィル） | シアリス（タダラフィル） |
|---|---|---|---|
| 持続時間 | 5時間 | 5時間 | 36時間 |
| 効果が現れるまでの時間 | 60分 | 20分〜60分 | 30〜60分 |
| 食事の影響 | 食後に飲むと効果が出るまでに時間がかかる | 油ものを食べた後は効果が出るまで時間がかかる | 受けにくい |
| ジェネリック | あり | あり | なし |

を促進して勃起を促すものなので、いわゆる催淫《さいいん》効果はありません。

生活習慣を改善してもなおEDの症状に改善がみられない場合は、ED治療薬を処方してもらうのもひとつの選択肢です。しかし、狭心症や心筋梗塞の治療薬である「ニトログリセリン」などの硝酸剤を使用している人は、絶対にPDE5阻害薬を服用してはいけません。全身の血管が広がりすぎて血圧が急激に下がり、最悪の場合、死に至ることもあります。

いずれのED治療薬もほてり、頭痛、鼻づまり、動悸といった副作用があります。まるでお酒を飲んだときのように顔が赤くなってしまうという人もいます。副作用は個人差が大きいため、服用にあたっては注意が必要です。


また、「安価だから」「手軽だから」という理由でインターネット通販を利用するのは危険です。日本で行われた調査（インターネットを介した偽造ED医薬品の4社合同調査）によると、日本のインターネットで手に入るED治療薬の43・6%が偽薬だったという報告があります。偽薬を購入してしまったとき、薬効成分が入っていないだけならまだマシです。ときに着色料として人体に有害な塗料が使われていたり、覚醒剤の一種であるアンフェタミンや血糖降下剤など持病によっては重篤な健康被害を引き起こす物質が入っているものもあるといわれています。ＥＤ治療薬を服用する場合は、必ず医者の処方を受けるようにしてください。

そして、このＥＤ治療薬はオンライン診療でも入手できます。「近くのクリニックでは身元がバレて気まずい」「狭い街なので受付の人も知り合いなので行きづらい」という人も、オンライン診療ならハードルは下がるはずです。富永ペインクリニックのＥＤ外来にも、50代はもちろんのこと、60代、70代でオンライン診療を通じてＥＤ治療薬を服用している患者さんが大勢います。

ＥＤ治療薬に対して、「薬を飲むのは男として負け」というネガティブな印象を抱く人がいるかもしれません。しかし、医師の診断のもと正しい用法、用量でＥＤ治療薬を飲むことは「負け」でもなんでもありません。

過去、ＥＤ治療法がなかった時代には、思うように勃起ができなくなったら、挿入を伴うセックスは諦めざるを得ませんでした。本音では「まだまだセックスをしたい」という気持ちがあっても、ＥＤを解消する手立てがなかったため、自嘲気味に「もう歳だから」

とうそぶいていた人もいたはずです。

しかし今や、60代でも2人に1人、70代でも4人に1人は「現役」という時代です。「現役組」に入るためには、バイアグラなどのＥＤ治療薬をしっかり飲んで勃起力をサポートしていけばいいわけです。せっかく時間的、経済的な余裕が生まれ、セックススキルも高まっているのに、セックスを諦めてしまうのは、とてももったいない。むしろ、ＥＤ治療薬を「自分らしく生きるための手段」として捉えてみてはどうでしょう。気軽に医療機関を受診し、正しい知識を持ってＥＤ治療薬を服用することは、決して負けではありません。

## ●強制的に血流を促すＥＤの最終兵器「ビガー」

とはいえ、ＥＤ治療薬はほてりや頭痛などの副作用があり、心疾患などの持病で服用できない人、薬に頼りたくない人もいます。

そのような場合、切り札となるのが「陰圧式勃起補助具」です。

陰圧式勃起補助具とは、簡単にいえばシリンダーの形状をしたペニスポンプのこと。陰圧（内部の圧力が外部よりも低い状態）を利用してペニスの血流を促し、強制的に勃起に導く仕組みです。血管に血液が流れ込むことでペニスに必要な栄養素や酸素を送り込み、陰茎海綿体の柔軟性を保つことで、勃起力の維持につながると考えられています。

なかでも近年、注目を集めているのが「ビガー（Ｖｉｇｏｒ）」です。これは厚生労働省から承認を受けた陰圧式勃起補助具のなかで、現在、国内で唯一、購入できる管理医療機器です（２０２２年販売開始）。これまでにも似たような勃起補助具はありましたが、あくまで雑貨やアダルトグッズとして扱われていました。しかし、ビガーは厚生労働省からのお墨付きなので、安全性も担保されています。

使い方はごくシンプルです。シリンダーにポンプとパッキンを取り付ければ、組み立てはすぐに完了します。次に、ペニスに専用のフラックスオイル（潤滑剤）を塗布し、亀頭をパッキンの穴に当て、ポンプを数回ゆっくりと操作します。すると、空気圧の関係でペニスがすっぽりシリンダーに収まっていきます。ペニス全体がシリンダーの中に入ったら10秒以上待って、またゆっくりとポンプを引きます。人によっては、数十秒でペニスの先端まで血液が行き渡る感覚が得られるはずです。これを1日10分間行います。

ペニスを勃起させるだけでなく、このビガーを使ってセックスすることも可能です。シリコンリングをペニスの根元に装着し、ビガーを使って勃起すれば、最大で30分間はセックスを楽しめます。

富永ペインクリニックでは、２０２２年5月から8週間、25名の男性を対象に、ビガーを使った治験を実施しました。

その結果、

・施術した直後は、ペニスが太く長くなった状態が続いている
・亀頭が大きくなった
・ペニスのサイズがアップした
・ペニスへの血流が増して、普段から重さを感じるようになった

などの報告が多く寄せられました。

私自身、このような効果がわずか8週間で表れたことに非常に驚いたものです。

以前、富永ペインクリニックの患者さんで、前立腺がんの手術を受けたことからＥＤに

なってしまった人がいました。前立腺がんの手術では、前立腺周囲の組織を一緒に切除することになります。そこには勃起に必要な神経や血管も含まれているため、前立腺全摘術後には、後遺症としてEDが起こるのです。

患者さんは、前立腺全摘術をする前には必ず、後遺症としてEDが起こることを医師から説明されます。しかし、実際に手術後、ペニスがまったく反応しなくなることに驚いて、ショックを受ける人は少なくありません。

しかしその患者さんも、今ではビガーを利用しながら、パートナーとのセックスを楽しんでいるそうです。

前立腺全摘術をした人でも、ビガーの存在を知っていれば、手術後に勃起力を取り戻してセックスが可能になります。しかし、もしもその存在を知らずにいたら……「もうどうにもならない」と泣く泣くセックスを諦めざるを得ません。知っているか知らないか、たったそれだけの差で、性生活の充実度が変わってくるわけです。まさに情報は力なり。なにかと障害や制約が生まれやすい熟年のセックスにおいて、正しい知識を得ることはとても大切です。

## ●使わないと「性器は劣化」する

常日頃、私が「秘密の部屋」で口にする言葉に、「使わないと性器は劣化する」というものがあります。定期的なセックスやマスターベーション、適切なケアをしないと、男性ならペニスが小さく縮み、女性なら膣が萎縮して挿入を伴うセックスが難しくなってしまいます。

そもそも性器に限らず、耳たぶに開いたピアスの穴でも、長年放置していれば閉じてしまいます。寝たきりの状態が長く続くと、足の筋肉が衰えて歩けなくなります。つまり、使わない機能は、体が「もうこの臓器は必要ないのだな」と判断して、使えなくなってしまうのです。

ご存じのように血液は、酸素やタンパク質、ミネラルなど人体を構成する細胞に必要な栄養素を運んでいます。しかし、セックスやマスターベーションをせず、男性なら陰茎海綿体に血液が流れ込まない状態が長く続くと、陰茎海綿体は栄養不足に陥ってどんどん縮こまっていきます。これを線維化《せんいか》といいます。長い間、放置されて硬くなってしまった台所スポンジをイメージするとわかりやすいかもしれません。ひとたび線維化が起こってしまうと、再び柔軟性を取り戻すのは至難の業です。萎縮し、線維化したペニスには、血液が送られにくくなり、ますます機能の低下が進んでしまいます。最終的には、ペニスをヒヤッと冷たく感じる「コールドペニス」と呼ばれる状態になり、こうなるといくら刺激を受けてもピクリとも反応しなくなってしまいます。

ですから、セックスおよびマスターベーション、またはビガーなどを使って定期的に勃起する〝クセ〟をつけておくことは、ペニスの血管や海綿体組織を若々しく保つために重要です。いわば、ペニスのアンチエイジングトレーニングです。

ビガーを試した70代の患者さんは、「ビガーで勃起をした自分のペニスを目にすると『まだまだ自分はいける』と思えるようになった」と語っていました。勃起には、機能面の効果だけでなく、勃起した自分のペニスを目にすることで失われていた自信を取り戻す心理的な効果もあります。「性」は、生きる自信を取り戻す、まさに「生」なのです。

## ●熟年こそ週4でオナニーすべし

体の機能は、使わなければ「不要」とみなされて、やがて衰えてしまいます。しかし、だからといって毎日セックスするのは、現実的ではありません。そもそも「パートナー不在」という状況もあります。ですから、セックスができないときは、マスターベーション、つまりオナニーでも構いません。

中高年にとって、オナニーは性的快楽だけではなく、性機能維持のためのトレーニングです。私もよく患者さんに「何もせずにペニスを放置しておいたら、陰茎海綿体は線維化してしまうのだから、オナニーは機能訓練、リハビリよ！　今日からガンガンやってください」とお話しします。すると患者さんは目を丸くしたり、噴き出す人もいます。もちろん私は、大真面目にお話しししています。

先ほどの「使わないと性器は劣化する」という言葉のとおり、セックスでもオナニーでも、定期的に勃起によってペニスに血流を促し、射精で前立腺を刺激していかなければ、ペニスは萎縮し、線維化してしまいます。目安は週に4回、もちろん毎日しても構いません。

かつて「オナニーをしすぎたら、頭が悪くなる」という言説がまことしやかに囁《ささや》かれていた時代がありました。しかしそのような言説は、なんら根拠がありません。心身ともに悪影響どころか、機能維持の側面では好影響を及ぼすので安心してオナニーしてください。

また、「勃起のトレーニングで、射精までしてもいいのですか?」とよく質問されます。もちろん射精までしてください。射精をすれば、前立腺の血流が良くなり、精巣の働きも活発になります。米国のハーバード大学公衆衛生大学院が男性医療従事者約3万人を対象に行った調査では、月に21回以上射精する人は、月に4~7回の人に比べて前立腺がんになるリスクが約2割低下することが明らかになっています。「オナニーは、すればするほど健康になる」のです。

また自律神経の観点からいえば、勃起を司るのは副交感神経ですが、射精を司るのは交感神経です。簡単にいえば、副交感神経は体を休め、リラックスモードにする神経。片や交感神経は、体を活動モードにする神経です。通常、セックスの際は「勃起→射精」という一連の流れを踏み、その際、副交感神経と交感神経の2つの神経がうまく切り替わっています。この「交感神経→副交感神経」の切り替えのトレーニングとして、定期的なオナニーによる射精は有効です。

ただし、あまりに強い力でペニスを握ったり、床に下半身を押し付けるような体勢でのオナニーは、遅漏や腟内射精障害のリスクがあるので避けたほうがいいでしょう。

熟年のオナニーは週4回のトレーニング。それを忘れないでください。

## ●中折れを防ぐには、「骨盤底筋」を鍛えるべし

ここまで血流や神経の観点から、EDの治療や予防法についてお話ししてきました。

しかし、ED治療薬やビガーによってペニスの血流が改善されたとしても、ペニスの根元を支える筋肉が衰えていたとしたら、どうなるでしょう。根元でぎゅっとペニスを支え、締め上げてくれる筋肉がなければ、せっかくペニスに大量の血液が流れ込んでも、支えきれずにへなへなと倒れてしまいます。これが「中折れ」です。この中折れを防ぎ、ペニスの勃起を維持するためのカギとなるのが、〝セックス筋〟の異名を持つ「骨盤底筋」です。

骨盤とは、体の腰のあたりに位置する骨の総称です。骨盤にはさまざまな役割がありますが、男性なら前立腺や精嚢《せいのう》といった臓器を守る役割があります。そのため骨盤と骨盤の間の底には、筋肉がまるでハンモックのように張り巡らされており、この筋肉の総称が「骨盤底筋」です。

ペニスの根元に張り巡らされた骨盤底筋の筋力は、ペニスを根元からぎゅっと締め上げ、勃起を維持する働きがあります。そして、この骨盤底筋が収縮することで、ペニスは重力に逆らい、ぐぐぐっと持ち上がっていきます。このように骨盤底筋は、力強い勃起を実現するために必要不可欠な筋力なのです。

また骨盤底筋には、射精や勃起を助ける役割以外にも、排尿・排便を助けたり、体全体の姿勢を支えるといった大切な役割があります。しかし、骨盤底筋は男女問わず加齢により緩みやすくなるので、その結果、尿漏れが頻繁に起こったり、猫背になって老け込んだ印象になる、勃起がしづらくなる……など「生活の質」（ＱＯＬ）が低下してしまいます。

そこで必要になってくるのが、骨盤底筋のトレーニングです。

骨盤底筋を鍛えることで頻尿や尿漏れ対策、姿勢の改善、そして勃起力の増強、射精時のオルガズム向上が期待できます。

この骨盤底筋トレーニングの方法は、大きく分けて2つあります。

ひとつは自分で鍛えるもの。具体的には、スクワットやウォーキング、ヨガやピラティスで、いずれも骨盤底筋を鍛えることにつながります。

また、尿道と肛門をぎゅっと締めたり緩めたりする動きを続けることによっても、骨盤底筋にアプローチすることができます。息をゆっくり吸いながら肛門をぎゅっと締めて、苦しくなる一歩手前で息をゆっくり吐きながら緩めていくといった具合です。これは「ケーゲル体操」と呼ばれるもの。日々、習慣化することが大切で、効果を実感するためには1日300回行うことが目安ともいわれています。

一方、「自分でやるのは、ちょっと大変そうだな」というものぐさな人には、骨盤底筋を鍛えるEMS機器「ラブコアK」をおすすめします。これは座ったままでも横になったままでも、自宅で骨盤底筋を鍛えることができるトレーニングマシンです。

「ＥＭＳ」とは、Electrical Muscle Situmilationの略称。筋肉には、電気が流れるとぎゅっと縮み、流れなくなると緩む性質があります。ＥＭＳは直接筋肉に電気刺激を送ることで筋肉の収縮を促し、自ら体を動かさなくても、ある程度の運動効果が得られるように開発されたトレーニング器具です。

そのなかでもラブコアは、低周波から高周波までの幅広い周波数を組み合わせた「広域変調波」という特殊な電気刺激で筋力を直接刺激し、骨盤底筋を強化させていくのが特徴。ＥＭＳというと、「電気刺激のピリピリした感覚が苦手」という人もいますが、ラブコアの「広域変調波」はピリピリ感がほとんどなく、インナーマッスルまで深く刺激が届きます。ネット通販などで販売されている一般のＥＭＳがおおよそ20ｍＡｈで２０００～５０００Ｈｚほどの出力であるのに対して、ラブコアは50ｍＡｈで１２５０００Ｈｚの出力。骨盤底筋は体の奥深くにあるため、高出力でなくては刺激が届きません。

使い方は至って簡単で、男性の場合は付属の丸いパッドをペニスの付け根と肛門の周辺に左右１つずつ貼って横になるだけ。女性の場合は、縦長の形状のパッドを外尿道口、膣、肛門の両サイドに貼ります。パッドを付け替えれば、夫婦でラブコアを利用することも可能です。

なお、このラブコアは高い出力を採用しているため、一般店では取り扱いできず、使用には医師の診断が必要となります。

## ●中折れしたときは「振り出しに戻る」

万が一、セックスの最中に中折れをしてしまった場合は、決してその場で焦らないことです。焦って自分の手でペニスに強い刺激を加えることだけは、絶対に避けてください。前にお話ししたとおり、勃起をしているときに活発になるのは副交感神経です。それに対して射精を司るのは交感神経。交感神経は全身の血管を収縮させる働きがありますから、ペニスの血管もおのずと収縮することになります。それゆえ、「中折れするかも……」という危機感のあまり強い刺激でペニスをしごいてしまうと、交感神経が優位になり、ますます再起不能になってしまいます。「がっかりされたくない」という思いで焦れば焦るほどドツボにハマってしまった……という話もしばしば耳にします。

中折れをした際には、ひと息ついて「振り出しに戻る」ことが大切です。彼女の体を撫でてみる、キスをする……そこでムードを盛り返し、彼女がフェラチオに応じてくれるようなら、身を任せてみましょう。また、いざ無事に復活を遂げたならば、今度は中折れをする前と異なる体位で挿入するのもおすすめです。もし、中折れの気まずさから相手に顔を見られたくなければ、後背位や寝バック、側位といった対面しない体位を試みてもいいでしょう。

## ●早漏も遅漏も、鍛えるべきは「骨盤底筋」

「加齢に伴って、早漏気味になった」

「最近なかなか射精できなくて困る」

中高年男性の性の悩みに、早漏および遅漏があります。第一章で触れた「秘密の部屋」のアンケートでも、早漏と遅漏はトップ5にランクインしていました。

早漏と遅漏――まったく逆の悩みに思えるかもしれませんが、実は解決策は共通しています。それは、やはり「骨盤底筋を鍛える」ことです。それぞれの定義については後述しますが、早漏、遅漏のいずれも「射精までの時間をうまく自分でコントロールできない状態」です。そして、そのコントロールをする要《かなめ》となるのが骨盤底筋です。

ここで「腕立て伏せ」で例えてみましょう。腕立て伏せをするとき、腕に十分な筋力がないと体の重さを支えきれず、重力に導かれるようにそのままバタンと地面に落ちてしまいます。これが早漏のイメージです。

男性が性的刺激を受けると、その情報は脳から脊髄神経を介してペニスに伝達されます。するとと、ペニスの陰茎海綿体に血液が流れ込んで、勃起が起こります。やがて脳から「射精をしろ」という指令が伝わると、骨盤底筋は緊張していきます。すると射精感が高まり、この緊張が限界に達すると、骨盤底筋がリズミカルに収縮し、精液が尿道から押し出されて「射精」が起こります。しかし早漏の人の場合、骨盤底筋の筋力が衰えているため、射精のコントロールが利かず、射精感の高まりを筋肉がこらえきれません。その結果、自分の意図しないタイミングで、性感の高まりとともに即射精してしまうわけです。

一方、遅漏の原因は、焦りや緊張など精神的な影響や、不適切なオナニーで刺激への耐性がついてしまったことなど、その要因は複雑に絡み合っていますが、精液を噴出する筋力、つまり骨盤底筋の筋力の衰えも一因となります。

前にお話ししたように、骨盤底筋がリズミカルに収縮することで、精液は精巣から尿道に押し出され、外尿道括約筋《かつやくきん》が緩んでペニスの先から勢いよく射精されます。しかし、加齢により骨盤底筋が衰えてくると、勃起はしていても、射精とうまく連動しない現象が起こります。

一見すると正反対に思われがちな早漏と遅漏ですが、骨盤底筋の衰えによって射精の制御が利かないという点は共通しています。勃起力のみならず、早漏や遅漏にも関わってくる……これが骨盤底筋が〝セックス筋〟と呼ばれるゆえんでもあります。

## ●「早漏」と「遅漏」の定義

中折れを防ぎ、早漏、遅漏を改善するためには、骨盤底筋を鍛えることが欠かせません。
しかし、少し立ち止まって考えてみてください。

挿入時間は長ければ長いほど、よいのでしょうか？

延々とピストン運動をし続けることが、最高のセックスなのでしょうか？

「早漏」とは、国際性医学会（ＩＳＳＭ）によれば、以下のように定義されています。

「性行為時に『毎回』もしくは『ほぼ毎回』挿入前または挿入後1分以内に射精してしまうこと。また射精をうまくコントロールできないことでの苦痛や悩み、不満を感じ、性行為を避ける症状」

次にＤＳＭ－４の基準を見ていきましょう。「ＤＳＭ－４」とは、Diagnostic and Statistical Manual of Mental Disordersの略称で、日本語に訳すと「精神障害の診断と統計の手引き」です。これはアメリカ精神医学会の定めた精神障害に関する診断基準で、医師が客観的な診断を下す際の基準としての役割を果たすものです。このアメリカにおける医師の診断基準となるＤＳＭ－４では、早漏は次のように定義されています。

「希望時間より早い挿入や挿入後早期に射精する状態が、持続あるいは繰り返されること」。

また「キンゼイレポート」というアメリカでもっとも有名な性に関する調査結果をまと

めた報告では、「(射精に至るまでに)適切な時間とは、２人が相互に満足できる時間の長さ」と定義されています。つまり、ＤＳＭ-４でもキンゼイレポートでも、早漏とみなす「適切な時間」は人によって異なるというわけです。さらに、東邦大学医学部で泌尿器科学を専門とする永尾光一教授らの報告によれば、早漏とは「女性が望む挿入から射精までの時間に達しない場合」と定義されています。ここで着目すべきは、あくまで「基準は相手、パートナー」となっていることです。

同様に、「遅漏」の定義も絶対的な時間軸があるわけではなく、「射精に時間がかかりすぎる、もしくは射精できない状態によって本人やパートナーがストレスを感じている」状態を指します。

つまり、早漏も遅漏も、問題となっているのは時間よりも、パートナーと自分の満足度です。ですから、「〇分間、挿入できなかったら早漏」という絶対的な基準はなく、究極的にはパートナーと自分がセックスを通じて愛をたしかめ合うことができれば、射精に至るまでの時間がどれほどであろうとも、早漏でも遅漏でもない、ということになります。

## ●日本人の平均挿入時間は「16分」

ちなみに日本人の挿入における平均時間は16分という報告があります。これはイギリスの大手コンドームメーカーＤｕｒｅｘ社の「世界各国のセックス頻度と性生活満足度調査2006 Global Sex Survey Results」によるものです。なお、この調査での1位はナイジェリアの24分、次にギリシャで22・3分、メキシコの22・1分と性の強豪国が並びます。日本は26か国中、21位でした。

この16分という数字を聞いて、どう感じましたか？「案外長いな」と思ったでしょうか？それとも「それじゃ自分は満足できない」と感じたでしょうか？

ここで考えてみてほしいのが、「私はあまり長い挿入が苦手。3分ぐらいがちょうどいい」という女性に対して、あなたが16分挿入をし続けていたら、どうでしょう。その女性にとって16分もの挿入は苦痛を伴いますから、あなたは立派な遅漏となります。

一方、「私は挿入したら、30分ぐらいは続けてほしい！」という女性なら、たとえ16分間、挿入を続けていたとしても、あなたは早漏認定されるわけです。先ほどのＤｕｒｅｘ

社による調査で「世界最長国」となったナイジェリアの平均値ですら、その女性にとっては早漏とみなされてしまいます。

早漏も遅漏も「時間」という数字で決まる絶対的な基準ではなく、あくまで自分とパートナーとの満足度で決まる相対的な基準であることを忘れないでください。

早漏、遅漏が性の悩みのトップ5にランクインしていますが、悩んでいる人のなかに、どれだけ「相手の基準」を知っている人がいるでしょうか。皆さんはセックスの相手がどのくらいの挿入時間が一番気持ちいいのか、把握しているといえるでしょうか？

セックスは肌と肌を合わせる、究極のコミュニケーションです。ですから、意思の疎通は基本中の基本。ときには「これぐらいの長さはどう？」と、相手に聞いてみることも大切です。

往々にして男性は、セックスにおいて射精までの「時間」に意識が向き、長ければ長いほうがいいと考えがちです。まずは一度、そうした自分中心の身勝手な思い込みを捨てましょう。もし、どうしても時間が気になってしまうのであれば、「オレ基準」ではなく「相手基準」に軸をシフトすべきです。そして、相手基準に合わせられるようになるためには、勃起のコントロールを担う骨盤底筋を日々、鍛えることが欠かせません。

オナニーは自分一人でできますが、セックスには必ず相手が必要です。ですから、セックスの基本は、心身ともにお互いが心を通わせ、快楽を求め、最終的に満足感と多幸感を得ることです。愛し合う二人の世界には、早漏も遅漏も、なんら絶対的な基準は存在しません。まずはお互いの気持ちや思いを確認し合うところから――人生の酸《す》いも甘いもかみ分けた熟年だからこそ、じっくりと相手と向き合えるはずです。

## ●挿入直前ED克服法

セックスの際、勃起はしているのに前戯をして「いざ挿入」となったタイミングで萎えてしまう……という人はいませんか？　中折れとも違う、「挿入直前ＥＤ」という呼び方もあるようです。

「どこが気持ちいいのかな」

「強さは適切かな？」

「痛くないかな？」

相手を思いやるほど、「彼女に気持ちよくなってほしい」という一心で前戯に励む人も多いはずです。また、相手が年下なら「大人の余裕を感じさせたい」と考えるかもしれません。あまり気心の知れていない相手なら、「下手と思われたくない」「本当に感じているか不安」「誰かと比べられたくない」などとネガティブな思いや不安、プレッシャーが頭をよぎることもあります。

そして、そのような不安をかき消そうとするあまりに、どこかで目にした「彼女をイカせるテクニック」を再現しようと試みたり、猛烈に舌を動かして「高速クンニ」に没頭することもあるでしょう。すると前戯に集中するあまり、自分の快感が置いてけぼりになってしまいます。そしてペニスは、その硬さを失ってしまう――これが「挿入直前ＥＤ」の典型例です。

セックスにおいて「相手に合わせる」ことは何より大切です。

しかし、相手の快感にのみ集中しすぎると、前戯に必死になるうちに自分の快感が消失してしまいます。彼女の肌のぬくもりを感じる前に「イカせなきゃ」というプレッシャーが勝り、リラックスしたときに活性化する副交感神経よりも、緊張したときに活性化する交感神経のほうが勝ってしまいます。交感神経は、全身の末梢血管を収縮させる働きがあるので、ペニスの血管も収縮し、結果的に萎えてしまうのです。

若い頃は、相手の気持ちを慮《おもんばか》る余裕は一切なく、ただがむしゃらに自分が気持ちよくなることばかり考えていた、と熟年になって反省する人は少なくありません。たしかに自分の快感を最優先にすれば、勃起はたやすい。しかし、そこには「愛」が抜け落ちてしまうリスクもあります。相手は自分が蔑《ないがし》ろにされたような気分になり、人によっては「もう次は会いたくない」と心を閉ざしたり、関係が途絶えてしまいます。

相手の気持ちを慮りながらも、自身の快楽も追い求めていく。この絶妙なバランス感覚抜きにして、性的興奮や良好な関係性は持続しません。相手を思いやるばかりでもいけない。しかし、気持ちよさだけを追求したら、愛想を尽かされてしまう。なかなかの難題ですが、経験を積んだ熟年だからこそ乗り越えられる壁ともいえます。

ポイントは「今、目の前にある感覚や快楽に集中する」ことです。

「こうなったらどうしよう」「ああなったら嫌だな」という不安は、「予期不安」と呼ばれます。過去に起こった悪いことがフラッシュバックし、「また起こってしまうのではないか?」「もっとひどいことが起こってしまうのではないか?」と不安に陥ることです。

よく予期不安はパニック障害を引き起こすきっかけになるといわれますが、その他にも不安神経症、強迫性障害、不眠、自律神経失調症など、さまざまな症状を引き起こす原因となります。また、疾患とまでいかずとも、極度に緊張してしまうなど精神的な悪影響を及ぼし、「挿入直前ＥＤ」のもその一例となります。

たとえば「今回も勃起しなかったらどうしよう」「挿入する前に萎えてしまうんじゃないか」、そんな不安で頭がいっぱいになってしまったとします。しかし、「今、この瞬間」、あなたの体はどうでしょう。今、この瞬間には「勃起直前で萎えてしまう」というもっとも恐れている状況は、まだ現実には起こっていません。現実にするのは、あなたの脳です。

不安や緊張、ストレスは、すべて自分の脳が感じていることです。まだ現実に起こっていないのに、「挿入する前に萎えてしまうんじゃないか」という不安が、暗示やプレッシャーとなり、結局は現実もそのとおりになってしまうのです。

少し話は逸れますが、アスリートは往々にして、イメージトレーニングとしてもっとも素晴らしいパフォーマンスをしたときの自分を思い浮かべます。野球選手はバッターボックスに入る前、不安やプレッシャーが頭をよぎっても、「俺は打てる！」とイメージします。「もうダメかもしれない」「今回も三振だ」などと考えて打席に立つ選手はいないでしょう。実際にヒットを打てるかどうかは、そうして不安を乗り越えて、目の前の球に集中できるかどうか。言い換えれば、打席に立ったときの脳内のイメージが、現実に結びつくことになります。

セックスにおいても、向き合うべきは、己の不安ではなく目の前の相手です。パートナーとセックスしているとき、「誰かと比べられたらどうしよう」「前はうまくいかなかったけど、今回もまた失敗してしまうのではないか」などと不安に支配されるほど、萎える確率が高まってしまいます。

「今、ここ」で一緒にセックスをしているパートナーの肌のぬくもり、キスしているときの唇の潤い、かすかに漏れる声と吐息、髪の毛からほのかに立ち上るシャンプーの香り……そんな目の前のリアルにどれだけ集中できるか？　今を全力で生きること、これが性的興奮を感じ続ける極意です。

目の前にいる人に本気で向き合えているでしょうか。自分が感じている感覚そのものを味わい尽くせているでしょうか。すべてのセックスは、「今を生きる」というひと言に通じています。

## ●男性にも知ってほしい女性の体の変化

これまで中高年男性の性の悩みについてお話ししてきましたが、中高年女性も同じように悩みを抱えています。

そもそも今でこそ90歳に迫っている日本人女性の平均寿命は、1960年までは50歳代でした。閉経の平均年齢はおよそ50歳ですから、それ以降の性について深く考える必要はなかったのです。しかし、今や人生１００年時代。平均的に閉経を迎える50歳は、まだ人生の折り返し地点です。現代を生きる中高年女性は、閉経以降の人生をいかに有意義に過ごすか、自らの性と向き合わなくてはならなくなってきました。

第一章でもお話ししたように、女性は更年期以降、女性ホルモンのエストロゲンが減少することで、デリケートゾーンは血流が悪くなり、膣粘膜も薄くなり、膣内の善玉菌が減るなど劇的な変化が起こります。そのため膣の乾燥・かゆみ・性交痛・ニオイ・腫れ・性交時に濡れないなど、それまでになかったトラブルが発生してきます。これらは性交時だけでなく日常生活においても、自転車に乗るのがつらくなる、化繊素材のショーツが擦れてはけない……といったさまざまな支障をもたらします。しかも、これらの症状は自然に改善することはありません。何もケアをせずにいると、症状は悪化の一途をたどります。

こうした中高年女性の変化は、これまであまり語られてこず、かつては「老人性膣炎」「萎縮性膣炎」などと呼ばれ、治療の対象として大きく扱われることがありませんでした。ちなみに私が「秘密の部屋」で行ったアンケートでは、男女ともに7割以上の人が性交痛や加齢によって膣が萎縮することを、「知らなかった」と回答しています。

そこでぜひ取り入れてほしいのが、デリケートゾーンのマッサージです。外陰部には女性ホルモンの有効成分「エストラジオール」が含まれた美容オイルを、膣内には善玉菌を含んだ膣専用ジェルを用いてマッサージすることで、これらの不快な症状の軽減が期待できます。また保険適用の治療法として、女性ホルモンを補充する「エストリオール膣錠」

による治療もありますから、専門の医療機関に相談してみてください。

加齢による体の変化は男女ともに起こるものです。もしかするとパートナーがセックスに消極的になり、セックスレスに陥っている原因は、愛が冷めたからではなく、性交痛に悩まされたり、自分の体の変化に戸惑っているからかもしれません。ですから、女性の変化について、女性自身はもちろん男性にも知ってもらい、正しい解決方法を二人で模索しながら、豊かな性生活を取り戻してほしいと願っています。

# 第三章　セックスを引き寄せる「熟年の愛の作法」

## ●コロナ禍で急増した「スキンハンガー」

第二章では、ＥＤや中折れの対処法、早漏や遅漏の定義といった、中高年が抱える性の悩みと具体的な解決策についてお話ししてきました。

しかし、いずれも「セックスをする」前提に立った話です。第二章の冒頭で示したアンケートで性の悩みの3位、4位にランクインしたのは「セックスレス」「パートナー探し」でした。セックス、つまり「他者との肌の触れ合い」自体が失われてしまう。それが中高年の性にまつわる、ひとつの大きなテーマです。

生まれたばかりの赤ちゃんや幼い子どもは、両親や周囲の大人たちから「かわいいね」などと声をかけられながら、いつも誰かに触れられています。神経学的な見方をすれば、赤ちゃんは肌の感覚神経に常に刺激を受けているといえます。

ところが大人になってみると、どうでしょう。恋人やパートナーでもない限り、周囲の人たちから優しく触れられたり、抱きしめてもらう機会はほぼなくなります。社会全体でセクハラの規定も厳しくなってきている昨今では、下心があろうとなかろうと他人に許可なく触れることは憚《はばか》られます。つまり、年齢を重ねるごとに否応なく他者との接触機会は減ってくる、これが現代社会の実情です。

そこで昨今、問題化しているのが「スキンハンガー」(skinhunger) です。英語でskinは「肌」、hungerは「飢え」、つまりスキンハンガーは「肌のぬくもりへの飢餓感」とも和訳されます。

私たちの体では、肌と肌が触れ合うことで愛情ホルモンの異名を持つ「オキシトシン」が分泌され、安らぎや幸福感、相手への信頼、絆を感じるようになります。オキシトシンは心理的なストレスを感じたときに分泌されるストレスホルモン「コルチゾール」の作用を低下させます。また、オキシトシンが十分に分泌されていると自律神経が整います。すると今度は、「今日も頑張ろう!」と前向きな気分をもたらしてくれるホルモン「セロトニン」の分泌が促進され、相互に作用することでストレス緩和につながります。

つまり、医学的見地から見ても、人と触れることは、人との絆を深め、精神的にリラックスできる作用があると考えられます。もちろんこれは、男女を問わずです。

たとえば、セックスの前戯としてマッサージをすることがあります。マッサージといっても、整体のようにぐいぐいと力を込めて揉みほぐすのではなく、フェザータッチで相手の肌に触れながら、血流を促すものです。このような優しい肌と肌の触れ合いは、オキシトシンを分泌させ、相手の警戒心を解《ほど》いたり、安心や愛着、絆を醸成する効果が期待できます。つまり、前戯におけるマッサージにも、愛情を深める科学的な根拠があるのです。気のおけない相手にマッサージされて、いつもより気持ちよかったという感覚に思い当たる人もいるでしょう。そんな瞬間にも私たちの脳からは、肌と肌の触れ合いによってオキシトシンが分泌されているのです。

コロナ禍では、世界中でソーシャルディスタンスが推奨され、ロックダウンや自粛生活によって、他者との関わりが遮断されました。日本でも、相次ぐ緊急事態宣言下で他者との接触はリスクとされ、一時は対面して会話をすることすら憚られました。こうして本当は人間にとって必要な肌と肌の触れ合いが強制的に禁止されたことで、「スキンハンガー」

に陥る人が急増しました。特に、一人暮らしの中高年の場合、スキンハンガーに陥ると精神的に不穏になり、孤立を招き、最悪の場合は孤独死……といった事態も引き起こしかねません。

## ●「社会性の喪失」と「性の二極化」

コロナ禍での自粛生活では、人との触れ合い方が一変しました。

平日にはリモートワークで朝から晩までデスクに向かい、休みの日には一日中、自分の見たい動画をＹｏｕＴｕｂｅで観て、お腹がすけば出前サービスを頼み、宅配されても感染を防ぐために玄関に「置き配」してもらう……。口うるさい上司や、噂好きな知人との煩わしいコミュニケーションがなくなり「せいせいした」と感じた人もいるでしょうが、同時に懸念されるのが認知機能の低下です。

感染対策、感染予防の名のもとに、家の中にずっと引きこもっていれば、外界から受ける刺激も減ります。また、運動をする機会も減るので、おのずと筋力は低下してしまいます。運動不足によって肥満リスクも高まり、一時は「コロナ太り」という言葉もよく耳にしました。

近年の研究では、筋肉量が減少し筋力が低下すると、自力で立ち上がったり歩行できなくなったりするだけでなく、認知症や関節疾患、糖尿病、脳卒中、骨折などになりやすくなり、死亡率が上がるといわれています。つまり、社会的な交流が失われたコロナ禍では、身体機能だけでなく、認知機能にまで影響が及んでいる可能性が非常に高いと考えられます。

自粛生活によって煩わしいコミュニケーションから解放された半面、新しい刺激もなければ、人との出会いもない。自分が好きなコンテンツだけを消費し、食べたいものだけを食べる……そんな状況では、自分とは異なる意見や価値観の存在や世界の広がりを認識することが難しくなってきます。

視野はおのずと狭く、人との「距離感」も見失いがちになり、他者と健全なコミュニケーションができなくなります。いわば「社会性の欠如」です。

他人と関わる煩わしさがない自粛生活は、一見ストレスフリーのようにも思えますが、

「ストレスがない＝刺激がない」ということでもあります。特に中高年にとっては、身体機能や認知機能の低下、および客観性や社会性が失われるリスクをはらんだ好ましくない環境といえるでしょう。

もちろんコロナ禍によってすべての中高年がスキンハンガーになり、社会性を欠いたわけではありません。

「人生最高のセックス」についてのアンケートでは、60代が最多となる結果が得られたように、他者と円滑にコミュニケーションを図り、性生活を充実させている人は少なくありません。そして、中高年になってもセックスに前向きな人は、週に何度もセックスをしています（ときに複数のパートナーを含む）。私のED外来にも、処方した量から計算するとバイアグラを2日に1回の割合で使用していると思われる60代後半の男性がいます。

セックスの回数だけでは、その人がどんな相手とどのようなセックスをしているかまでは推し量れませんが、中高年においてセックスから疎遠になってしまう人とアクティブな人とで、「性の二極化」が起こっている現実があります。そしてこの傾向は、コロナ禍の強制的なコミュニケーションの遮断によって、より加速したように感じられます。

## ●中高年が喪失しがちな「距離感」

新しい刺激も出会いもないなかでは、多様な他者に触れる機会が減り、放っておくと社会性が失われていきます。特に人間関係における「距離感」は、一度見失うと厄介なものです。

会話のなかで、踏み込んではいけない領域（いわゆる「地雷」）にずかずかと踏み込んで不快にさせてしまう、上から目線で説教をする、自分の優位性を示す「マウンティング」をする、といった行為も距離感を見失ったがゆえの言動です。いずれも相手は不快な思いを抱き、円滑なコミュニケーションが取れなくなってしまいます。

人はコミュニケーションにおいて、「この人は、適切な距離感を保ってくれる」「一定の距離感を見誤らない」とわかっているからこそ、安心してコミュニケーションが取れます。しかし、その距離感が狂っている人には、一転して警戒心を抱きます。地雷を踏んだかと思えば、マウンティングし、果ては説教モードになる……当人は距離感が狂っているとの自覚がないケースが多く、悪気がないのがなおさら厄介です。

この異性との距離感を見失った最たる例が、「ストーカー」です。

学生の頃と比べて、社会に出ると男女ともに仕事や責任が生じるため、恋愛や友人関係以外の人付き合いが増えていきます。同僚、仕事相手、近所付き合いなどさまざまな関係性があり、そのなかで私たちは適切な距離感を学んでいくわけですが、その感覚を喪失し、異性に執拗につきまとうのがストーカー。医学界でも、大学病院において中高年男性の患者が女性の研修医に「医師と患者」という関係性の距離感を喪失してつきまとう……という事案は少なくありません。私の知る限りでも、被害に遭った研修医が別の病院に異動せざるを得なくなったケースがあります。こういった構造は、どの業界にも見られるようです。

## ●熟年の男女関係

ストーカーにまでならなくとも、中高年になると異性との距離感を見誤ったり、相手に嫌がられるような空回りした言動を取る人が出てくるのは、なぜでしょうか。

これは、年齢によって異性への向き合い方が変化してくることも一因だと考えられます。10代や20代の頃は、テストステロンの分泌量が豊富で体力があり、出会いの場も豊富なため、積極的にせよ消極的にせよ、ある程度、女性と接する機会がありました。ですから、たとえ失恋したとしても、「まだ次がある」と前を向くことができます。また、そもそも経験が少ないので、失敗して当たり前。失恋の傷も、次に生かす糧《かて》と考えることができたでしょう。

一方、中高年になると、異性との関わりはどのように変化していくのでしょうか。会社員なら管理職の役割を与えられる時期になります。守るべき家庭がある人も少なくありません。社会的な責任も増し、10代や20代の頃のように恋愛にばかりかまけているわけにはいきません。体力も落ち、出会いの場も限られるので、「あの子がダメでも次がある」と血気盛んに異性と関わることは難しくなります。下手に仕事上で知り合った異性を二人きりで食事に誘えば、セクハラ、パワハラと訴えられて社会的に抹殺される……そんなこともあり得る時代です。

こうした状況では、中高年は異性との出会いに慎重になるものです。よほどのイケメンや大富豪でもない限り、そう簡単には次から次へと目の前に女性が現れることはありません。そのため、時間的、体力的に制限がある中高年は、限られた出会いのなかで、限られた異性とじっくり向き合うことになります。多くの場合、それは妻やパートナーと呼ばれる存在になります。

しかし、それまで異性と向き合う経験がないまま、漠然と過ごしてきた人はどうでしょう。いざ「じっくり向き合え」と言われても、女性との向き合い方がわかりません。そして、「女心が理解できない」「女性との距離感がわからない」まま、暴走してしまいます。

さらにもうひとつ、第一章で触れたように、年齢を重ねると人格が容姿や雰囲気にまでにじみ出る、つまり、人格が固まります。ですから、失敗してしまった場合、若い頃は糧にできていたものが、柔軟性がなくなり、受け入れづらくなります。ときには、人格を否定されたとすら感じることも。そして、そのような場合、反省するどころか逆ギレしたり、自己の正当化に走ってしまう人もいます。たとえば、皆さんも若い頃、職場で年配の上司のミスを指摘したり、意見をしようとしたら、「失礼だ！」と逆ギレされた経験があるのではないでしょうか（もちろん、年齢を重ねても柔軟性を保ち、失敗を糧とすることのできる人もたくさんいますが、そうでない人も少なくないのが悲しいかな現実です）。

女性との距離感がわからないまま暴走し、その結果、うまくいかなかったら自己を正当化してしまう。コロナ禍をきっかけに増加したスキンハンガーも、肌のぬくもりを求めて異性に空気の読めない絡み方をすることで悪循環を加速させます。

この悪循環は、表面的には異性との付き合いが乏しくない人でも陥ります。

先日、とある50代の男性が「僕、離婚をしたんですよ」と口にしました。その人は有名大学を卒業し、ＩＴ業界で順調にキャリアを積み、年収も１０００万円以上あるエリート会社員でした。俗にいう「勝ち組」のハイスペックな男性です。

そんな彼が離婚した理由は、「オレとは合わなかったから」だそうです。

彼自身、とても人当たりが良い人物ですし、離婚した元妻との間には大学生になるお子さんもいます。ちなみに離婚は、これで2度目とのこと。

ここで私が違和感を覚えたのが、彼の口にした「合わなかった」という言葉です。

たしかに、生活や性格の不一致はよくある離婚理由ですが、「合わなかったから別れた」というのは、「パートナーに歩み寄る努力をしてこなかった」と公言しているようにも受け取れます。そもそも人生の伴侶である結婚相手は、「合わなかったから次」というような代替可能な存在ではないはずです。にもかかわらず、第三者に対して堂々と「〝合わなかった〟から」と、あたかも自分には何ら責任がないような物言いをする彼に、ある種の傲慢さすら感じてしまいました。

もちろん離婚において、当事者同士にしかわからない理由もたくさんあるでしょう。しかし、50代になってなお、「合わなかったから離婚した」という身勝手な振る舞いは、妻や女性を、互いに歩み寄り、寄り添う存在として見ていないように受け取れます。

彼は離婚後も、「オレに合う女」を求めて、オレ流で女性を口説いて回ることでしょう。なまじ社会的な地位や経済力がある中高年の場合、過去の成功体験があり、周囲も指摘しづらいため、軌道修正が難しくなります。「オレにはオレのやり方がある」のは結構ですが、異性との関係性を深める努力よりも自分の都合や流儀を優先しているうちは、人生最高のセックスは遠くなるばかりです。

## ●暴走する中高年「ベビーカーなんて邪魔」

人生最高のセックスは、経験を重ねて深みを増した男女が、互いに思いやり、慈しみ合うことで訪れます。若い頃の性欲や勢いに任せたセックスと同じやり方では、到底たどりつけません。ちなみに、性欲や勢い任せのセックスを中高年でも実践しようとすると、体力やコミュニケーションに無理が出てきて、多くの場合、「イタい中高年」になってしまいます。何事も年齢相応のやり方があり、それが自然の摂理でもあります。

ですから、熟年は年齢にふさわしい「熟年の愛の作法」を学ばなければなりません。これまで、中高年が陥りがちな反面教師となるケースをお話ししてきました。第一章で提示したように50~60代は最高のセックスにもってこいの時期ですが、セックスが異性との深い人間関係の上に成り立つものである以上、失敗してしまうリスクも大きいのです。ここから少し、社会性が欠けてしまった中高年の象徴的な事例をお話しします。社会性が欠ければ、セックスする相手など望むべくもありません。まずは、私の知り合いの女性医師の話です。

まだ幼い我が子をベビーカーに乗せて、都心のデパートへ買い物に出かけた彼女は、1階から上層階まで移動するためにエレベーターを利用しました。休日の昼下がりということもあり、エレベーター内はほぼ満員状態だったそうです。彼女もぐっすり寝ている我が子を起こさないように、周囲に配慮しながら、やっとの思いでベビーカーを押し、エレベーターに乗り込みました。

やがて途中の階で、ひとりの中年男性が乗り込んできました。その男性は、彼女とベビーカーを一瞥すると、すぐさま舌打ちし、「まったくベビーカーなんて邪魔だな。場所を取りやがって」と吐き捨てるように言い放ったといいます。

彼女は一瞬、頭が真っ白になったそうですが、そこはあらゆる医療現場をくぐり抜けてきた百戦錬磨の女性医師。その男性に向かって「これは〝ベビー〟カーなんです。小さい赤ちゃんが乗ってるんですよ、狭いならあなたが降りなさいよ！」とまなじりを決して反撃したのです。すると男性はたじろぎ、すぐさまエレベーターを降りていったとのこと。

昨今、「キレる中高年」「暴走する中高年」という言葉をメディアでも盛んに目にします。この話もその典型例といえるでしょう。しっかり者の知人は、理不尽な発言をされてもすぐさま言い返しましたが、少し気が弱い女性だったらどうでしょう。黙って下を向いてしまったり、自分からエレベーターを降りてしまうことも容易に想像できます。

小さな赤ちゃんは周囲から庇護《ひご》されるべき存在ですし、男性も年長者らしく、幼子を連れた母親を気遣うそぶりを見せるのが、年長者として求められる振る舞いです。しかし、自分の意に沿わない事態（この場合は、乗ろうとしたエレベーターがほぼ満員だったこと）が起こると、男性は自分よりも年下で、ましてや子どもを連れた母親を罵倒《ばとう》するという正反対の行動に出ました。

また、女性医師の話とは別に、こんな動画が私のSNSに流れてきました。その動画の中では、電車内で脚を組んでいる若い女性の脚を、突然、年配の男性が手に持っていた新聞紙で叩き始めていました。たしかに狭い電車内で脚を組むのは迷惑ですが、見知らぬ相手を突然叩くという行為は、ちょっと考えられません。

なぜ、その男性は口頭で注意するでもなく、いきなり叩くという暴挙に出てしまったのでしょう。このように感情的な言動に歯止めがかからないのは、加齢によって脳のブレーキ役となる前頭葉の働きが弱くなっている、つまり、脳の認知機能が衰えていることが一因と考えられます。

身近なところでは、いわゆる「おやじギャグ」も象徴的な例です。

おやじギャグは、中高年男性が口にする、時代や場の空気を読まない冗談やダジャレです。ときに、笑えないセクハラまがいのものも見受けられます。たとえば、髪や服装のイメージチェンジをした女性に「○○ちゃん、彼氏でもできた？」と言ったり、女性の腰つきを見て「丈夫な子どもが産めそうだね」と口にしたり、カラオケの歌声を聴いて「夜もいい声を出しそうだね」などと冗談のつもりで言う人も、驚くべきことに存在しています。

こうした冗談は若い頃はあまり耳にしませんが、中高年になるとおやじギャグを無意識に口にするようになってしまう。これも前頭葉の機能低下が原因のひとつと考えられます。

前頭葉は感情のコントロールを担う部分ですが、20代で発達のピークを迎え、年齢を重ねるとともに縮んでいきます。若い頃は「あ、これは今、言ったらまずいな」「これを言ったら、相手にどう思われるのだろうか？」などと、口にする前に自分でブレーキをかけられますが、前頭葉の衰えとともに、それが我慢できなくなるのです。つまり、思い浮かんだことを、そのまま口にしてしまうようになる。しかも、そのことに当人は気づけない。

先に例示した「〇〇ちゃん、彼氏でもできた?」という冗談は、気になる異性にちょっかいを出したくなる子ども同然です。こうしたちょっかいも大人になると、「彼女がイメチェンした理由は気になるけど、むやみに詮索《せんさく》するのも野暮だし」と考えるようになり、「いいですね、似合ってます」といったふうに褒めるようになります。こうして互いの距離感をたしかめ合いながら、人は徐々に信頼関係を築いていくのですが、前頭葉の機能が低下すると、まるで赤ちゃん返りしたように、思ったことをそのまま口にするようになります。その結果、大して親密でない相手に距離感を見誤った冗談を投げかけ、どんどん異性から縁遠くなってしまうのです。

第一章で、人生最高のセックスは成熟した男女が互いに思いやることで訪れるとお話ししましたが、「これをいったら相手はどう思うだろうか?」という客観性や社会性を保つことが、その第一歩といえるでしょう。

## ●「男は繊細だから……」の裏にあるもの

ここまで中高年男性の言動についてさまざまなダメ出しをしてきましたが、セックスに旺盛な人とまったく縁のない人という「中高年の性の二極化」が起こっているのは、こうした「熟年の愛の作法」を知っているか知らないかが背景にあると考えています。私は常日頃から物事をはっきり言うタイプですが、このような話をすると、「先生、そのくらいで勘弁しといてくださいよ〜。男は繊細なんだから！」「男って、傷つきやすいんです」と、冗談交じりにたしなめられることもあります。

もちろん勘違いやすれ違いがあるのは、男性も女性もお互いさま。なにも男性が一方的に悪いわけではありません。

しかし、この「男は繊細だから」という言葉が実はクセモノで、口にするほどセックスから縁遠くなります。

今の中高年男性が子どもだった頃は、「男の子だから」「長男だから」という理由で、おかずが一品多かったり、お風呂に入る順番が先だった……など、日常生活のなかでなにかと男児が優遇されることが多かった時代です。そんな小さな日常生活の積み重ねによって、次第に「男は立ててもらうべき」という意識が内面に培《つちか》われていきます。令和となった今もなお、この「男は立ててもらうべき」といった考えを持つ人は少なくありません。女性がなにか意見をしようものなら「わきまえていない」と感じる人もおり、数年前にも大物政治家が「女性が意見をするから会議が長くなる」との旨の発言をして問題になりました。繊細なのは男性も女性も同じなのに、「男は繊細だから」という理由で相手の意見を封じてしまうのは、「黙って男を立てなさい」と言っているようなものです。これでは、男女の愛あるコミュニケーションが成り立ちません。本当に大人の恋ができる人は、「あの人は繊細な人だから」と女性に言われることはあっても、自分から「オレは繊細だから」などとは決して言わないでしょう。誰しも繊細さや孤独、寂しさを抱えています。だからこそ、『賢者の贈り物』の寓話のように互いに思いやり、そんな二人が肌を重ねるからこそ、最高のセックスになるのです。

## ●「お前のアソコ、臭いな」

こういった前時代的な価値観がエスカレートし、最高のセックスからもっとも遠い関係性が「DV」（ドメスティック・バイオレンス）による支配です。

DVは身体的暴力だけではありません。暴言、中傷、無視など言葉による「心理的な暴力」、生活費を渡さないなどの「経済的暴力」、働かせない、家から出さない、友達や家族と縁を切らせるなどの「社会的隔離」と、実にさまざまな形があります。なかには、自分が支配できそうなおとなしい女性をあえて交際相手に選ぶ男性もいるようです。

今、セックスの話でいきなりDVが出てきて困惑している読者もいるかもしれません。しかし、性的な文脈でも、相手のコンプレックスを刺激して「支配」するケースがあります。

たとえば、パートナーのデリケートゾーンがまったくニオイがしないにもかかわらず、わざと「お前のアソコ、臭いな」などと言うのが一例です。さすがに読者の皆さんのなかには、そんな発言をする人はいないと思いますが、そうした言葉を投げかけられ深く傷ついてしまう女性がいるのも事実です。同類の発言に、「お前のアソコは黒いな」というものもあります。性器は他人と比べることが困難な部位です。それをあたかもとりわけ劣っているかのように指摘し、コンプレックスを植えつけて相手を支配する。ときには、中高年男性なりの社会的地位を利用して、支配しようとする。

先にお話ししたように、熟年になるほど、失敗を恐れるものです。失敗したくないから、先にマウンティングをして、支配してしまいたくなる。仮に失敗しても、「傷つきやすいから」と言って開き直ってしまう。

しかしながら、他人同士が肌と肌を重ねるセックスは、そんな容易なものではありません。失敗してもいいのです。失敗を恐れて相手との愛のあるコミュニケーションを放棄してしまうくらいなら、愛のある失敗をすべきです。そして、どんどん学び、糧とすべきです。

ここまで、かなり辛辣《しんらつ》な言葉を並べてしまいましたが、これまで数多くの中高年の性の悩みを聞いてきたなかで、決して極端な例ではありません。今日もどこかで当たり前に起こっている事象であり、少なくない数の中高年男性が、大なり小なり無意識に取ってしまう言動でもあります。

肌のぬくもりが欲しい……でも、女性とうまくコミュニケートできず、どんどんセックスと縁遠くなり、孤独に陥ってしまう。「性」から「精」へ、そして「生」へのサイクルが停止してしまう。

そんな最悪の事態を回避するためには、常日頃から「自分は愛の作法の反面教師になっていないだろうか？」と意識的になるべきでしょう。

## ●不安を解消するのは「肌の触れ合い」

さて、ここまで困った中高年男性たちの事例を取り上げてきました。「そんな人いるの？」と驚いた人もいるかもしれませんが、なにも彼らを悪者にして、やり玉に挙げたいわけではありません。

先に挙げた〝暴走する中高年男性〟が共通して抱えているのは、不安です。

年齢を重ねるほど、潜在的にも顕在的にも「老い」や「死」への不安が頭をもたげてきます。普段は考えていなくても、ふとしたときに「老い」や「死」を意識してしまう瞬間があり、途端に落ち込んだり、自暴自棄になってしまう……という人もいるのではないでしょうか。

そうした漠然とした不安を解消してくれるのが、「人との触れ合い」です。これはなにも概念的な話ではなく、ボディタッチをする、抱きしめる、マッサージをするといった物理的な接触を指します。

本章の冒頭でお話ししたように、私たちの体の中では、肌と肌が触れ合う心地よさによって愛情ホルモンともいわれるオキシトシンが分泌されます。オキシトシンはストレスホルモン「コルチゾール」の作用を低下させ、前向きな気分をもたらすセロトニン分泌を促し、相互作用によりストレス緩和につながります。しかし、残念ながら年齢を重ねると、誰かに触れてもらう機会は格段に減ります。

ただでさえ他者と触れ合う機会が減っていく中高年にとって、スキンシップの貴重な相手となるのが身近なパートナーです。なにも挿入を伴うセックスでなくても構いません。手を握る、ハグをする、段差がある場所で手を取る……といった日常のささいな触れ合い、その積み重ねがオキシトシンを分泌させ、不安感を解消することにつながります。パートから帰宅した妻が疲れたような表情を見せていたら肩を揉んであげる……といった行為も、結果的には自分の中で幸せホルモン、オキシトシンを分泌させることにつながります。まさに「情けは人の為ならず」です。

パートナーがいる人は、ぜひ日常生活の中に積極的にスキンシップを取り入れてくださ い。若い頃ほど体力や刺激のない熟年の日常において、細かなスキンシップの積み重ねこそが、不安を打ち消す貴重な機会となります。

## ●モテる熟年の秘訣は「度量」

スキンハンガーに陥り、漠然とした不安を抱え込んで暴走する……そんな悲惨な末路をたどる中高年がいる一方で、第一章でお話ししたように、パートナーと愛を育み、「人生最高のセックス」を味わっている中高年がたくさんいます。そうした人は、日常生活も精力的でエネルギーに溢れています。自然と周囲には人が集まり、人間関係や社会性も豊かになっていきます。

こうした「モテる中高年」と「孤独な中高年」、両者を隔てるものは一体何でしょうか？　それを考えるときに重要なのが、「度量の広さ」です。

そもそも度量とは、「1　物差しと枡《ます》。転じて、長さと容積。2他人の言行をよく受けいれる、広くおおらかな心」（『デジタル大辞典』より）です。

度量の広い人間は、「聞く耳」を持っています。自分の問題を棚上げして、「オレの考えはこうだ！」と相手に押し付けることはありません。

また、さまざまな解決策も持ち合わせています。トラブルが起こった際に慌てふためくのではなく、具体的かつ現実的な解決策を提示し、適切な行動を取ります。

異性とのコミュニケーションにおいても同様で、相手の話を聞き、意見を求められれば、自らの経験に基づいたアドバイスを送り、問題を解決に導きます（聞かれてもいないことを押し付ける「教え魔」「説教魔」とは異なります）。

こうした度量の広さは、多くの人生経験に裏打ちされているほど、説得力を感じさせます。「熟年は人格が顔に出る」とお話ししましたが、度量の広さも、熟年の顔を魅力的に形作っていきます。逆に、若い頃はどんなにイケメン、美人であっても、度量の狭い人の顔は、あまり魅力的には映らなくなります。


この人間の度量は、性別を問わずさまざまな人に話を聞き、さまざまな経験と失敗から学び、「今を生きる」ことを続けた結果、広がっていきます。「前にもこういうことがあったぞ」と思えるからこそ、有効なアドバイスや対策を打ち出せますし、多くの人と関わってきたからこそ、対話や傾聴の大切さを実感できているわけです。その過程で、相手の発する言葉の裏にある考えや思いに気づく経験を重ねることで、想像力や相手を思いやる心が育まれていきます。

逆に、度量の狭い人は、言葉の裏にある思いにまで想像を巡らせることなく、額面どおりにしか受け取らず、自説を語って対話をやめてしまいます。最近では、「論破」というような言葉もあるようです。

さて、ここで皆さんは度量の狭い人と広い人、どちらとセックスしたいと考えますか？わざわざ度量の狭い人とセックスしたいと考える人はかなりの変人ですから、あまり意味のない質問ですが、度量の広い人が異性にモテるのは、性愛でも同じことです。そして、度量は人生経験に裏打ちされるので、特に熟年の性愛では、容姿などよりも度量のほうがモテ要素になるのです。

若い頃、「なんであんなおじさんがモテるんだ？」と不思議に思っていたけれど、今になって振り返ると「たしかに渋かった」と理解できるようになった、なんて経験もあるでしょう。

度量の広い熟年女性も非常に魅力的です。私の知人の50代の女性が、若い男性から「僕、お姉さんもいけます」といわれ、一笑に付していたことがありました。度量の広い彼女は、青年の目にも魅力的に映ったのでしょう。ただ、彼女にとってその青年はまだ度量が狭く、残念ながら恋愛対象にはなりませんでした。

そして、豊富な想像力や引き出しを持っている彼ら彼女たちは、セックスにおいても相手の体調や感度に応じて、臨機応変にベストな対応を選択することができます。「今日は、後背位で奥を突くとつらそうだから、浅いピストンにしよう」「このコは騎乗位が感じるみたいだから、今日は騎乗位を多めに取り入れよう」といったように、自分のテクニックを誇示することなく、相手が求めるものを的確に投げ返せるのです。

もし相手の女性が年下ならば、男性から「ここはどう?」と耳元で囁くように聞いてあげてもいいでしょう。耳から入る言葉は、聴神経を経てダイレクトに大脳の聴覚皮質という部位に届きます。そのセックスが快感かどうか、最終的な判断を下すのは脳です。耳からダイレクトに脳を刺激することで、よりいっそう彼女をオーガズムに導くことができます。

長年、幾度となく肌を重ねてきたパートナーでも、好みの体位、苦手な体位は年齢によって変わってくるので、「いつも同じやり方」といった度量の狭いセックスは禁物です。女性は熟年を迎えると、加齢により膀胱《ぼうこう》、尿道、子宮などを正しい位置に支えてくれる骨盤底筋が衰えてきます。骨盤底筋が緩むと、内臓の位置が下がってくるので、後背位の体勢で激しく膣奥をピストンされると、若い頃にはなかった痛みを感じる人も増えてくるのです。

「彼女は後背位が好きだったから」という過去をトレースするのではなく、今の相手の反応をうかがいながら、後背位がきつそうならば、その代わり正常位の時間を長くする……など柔軟に対応できるのが度量の広いセックスです。

セックス上手とは、激しいピストン運動や巧みな手技をする人ではありません。相手に合わせられる人です。その相手が夫や妻でも、その人に合わせられるのであれば、立派なセックス上手といえます。

もし相手が正常位が好きなら「女性の脚を男性の肩まで上げる屈曲位はどうかな」と試みたり、後背位が好きなら寝バックを提案してみるなど、相手の反応から想像力と引き出しを駆使し、よりバリエーションに富んだセックスを組み立てられるのも、度量の広さゆえ。相手の望むものを察して与えているのですから、「この人のセックスはうまい！」と、異性が感じるのは当然です。くれぐれも「オレが好きなオレ流セックス」は、度量の狭いセックスだと心得てください。

## ●「経験人数」より「フィードバック」

度量だなんだといっても、結局、いろんな異性とセックスして、さまざまな引き出しを蓄えないとモテ熟年になれないなら、若い頃と変わらないじゃないか……そう思われている人もいるかもしれません。もちろん、そんなことはありません。大切なのは、経験の「数」よりも「質」です。

これは、富永ペインクリニックのED外来に来院した30代男性の話です（編集部注：プライバシー保護の観点から一部情報を修正しています）。

学生時代からサッカー部で活躍していたAさんは、筋肉質で背も高く、顔は俳優の小栗旬似、いわゆる「非の打ちどころのないイケメン」でした。そんな彼を周囲の女性が放っておくわけはありません。Aさんの周りには、常に女性が途絶えることはなく、セックスをする相手に苦労したことがなかったそうです。ときに自分から声をかけた女性と一夜限りの関係を持つことも少なくありませんでした。

そんな順風満帆な恋愛エリートのAさんですが、つい3か月ほど前に衝撃的な一夜があったそうです。相手は、マッチングアプリで知り合った4歳年上の女性。出会ったその日に双方同意のもとラブホテルへなだれ込み、そのまま肌を重ねたのですが、Aさんがいつものセックスと同じように果てたあと、彼女はベッドサイドでタバコを吸いながら浮かない顔をしていたというのです。理由を聞くと、「なんだかあっという間だったよね」と苦笑いしていたそうです。その後、彼らは二度と会うことはありませんでした。

「自分は早漏なのでしょうか?」

診察室でAさんは度々口にしました。第二章でお話ししたように、早漏の定義は互いが満足できるまで行為を持続できないことです。たとえ挿入できたのが20分でも30分でも、相手が満足できなければ「早漏」です。早漏の根幹は、時間ではなく挿入満足度が左右します。

その日、Aさんが何分間挿入し続けられたかは問題ではありません。先ほどの女性の「なんだかあっという間だったよね」という言葉で、初めて彼は自分が女性を満足させられていない事実に気づいたのです。

それまで出会った女性たちは、そんな感想を口にすることはなかったそうです。Aさんの人気者ぶりを知り、「嫌われたくない」という一心、もしくは思いやりの心で本音を言わなかったのかもしれません。しかし、先ほどの女性はかなり経験豊富な〝手強い〟タイプだったので、真正面からズバッと言われてしまったのだと、すぐさま私は察しました。

「セックスの経験が豊富」というと、ベッドを共にした異性の数と思われがちですが、実は違います。相手の体調や好みを考慮した上で、最適解を見いだせることが経験の豊富さにつながります。

Aさんの場合、一夜を共にした人数こそ多かったものの、相手と親密に「この体位がよかった」「今度はこんなことをしたい」といった意見交換をする機会はなかったそうです。

少し話がセックスから逸れますが、私は学生時代に剣道部に所属していました。当時、練習ではビデオ撮影をして、自分のフォームやクセを確認していたものです。剣道に限らず、スポーツ指導の現場では、フォームを客観視するために「映像フィードバック」による指導が用いられるのは、今や当たり前です。

さすがにセックスにおいてビデオを撮影しろとは言いませんが（もちろん互いの同意の下で楽しむのは結構です）、フィードバックがないと知見が積み上がらないのは、セックスもスポーツも同じことです。正しいフィードバックがなければ、数をこなすほど悪いクセが定着してしまうリスクすらあります。

Aさんは、たしかにセックスの「人数」は同世代の誰よりも豊富でした。しかし、次から次へと「一見《いちげん》さん」とばかりセックスしていたので、正しいフィードバックが行われず、「もしかしたら女性を満足させられていないのでは？」という疑問すら浮かばなかったわけです。

逆に、一人の相手とセックスを重ね、フィードバックを交わし合い、もっと互いに感じ合える、愛し合えるやり方を探求していたとしたら、どうでしょう？　その人の経験は、Aさんとは比べ物になりません。

セックスもスポーツも、あらゆることは、フィードバックがないと成長は難しい。Aさんのケースは、彼がモテすぎてしまったがゆえの不幸ともいえるでしょう。この経験が、彼にとって目の前の女性と向き合えるようになる機会になればと、願ってやみません。

## ●フィードバックは「その場ですぐ」伝える

セックスにおけるフィードバックの大切さについてお話ししてきましたが、正しいフィードバックには、女性側の責任も大きいように思えます。

セックスにおけるコミュニケーションの基本は、「どこをどうされるのが気持ちいいか」を、その場で表現することです。「もっと背中を触って」とか「今日は奥が感じる」など、リアルタイムで相手に伝えることが大切です。

特に若い女性は、月経やホルモンバランスなど性周期によって体調や感度が大きく変わります。先週は乳首が気持ちよかったのに、今週は痛い……ということも珍しくありません。同じような挿入角度でも感じ方が変わってくることもあります。

にもかかわらず、「あんあん」とだけ言っていては、男性側も察しようがありません。気持ちいいと思ったら「もっとして」、痛かったら「痛い」と言っていい。むしろ、男性のためにも言うべきです。その瞬間に口に出せるかどうか、これがセックスコミュニケーションの一丁目一番地です。

ことセックスにおいて、「あのときこうだった」と後出しは厳禁です。「その場で言うなんてはしたない」と考える人もいますが、その瞬間に相手に伝えることで「次」につながります。

もしも彼女がセックス中に「あんあん」「ふんふん」としか言わず、本意がつかめないのなら、男性は「どこをどうされるのが気持ちいいのかわからない」と、はっきり伝えてあげてもよいでしょう。

セックスは二人だけでつくり上げていくコミュニケーションです。「自分はアナルが感じる」と伝えたとしても、それが公になることはありません。逆に、何も言わずに、なんとなくすれ違ったままのセックスを重ねていけば、「マンネリ」となり、もっと深くもっと大きなはずのセックスの喜びが、失われてしまいかねません。

もし本当に相手のことが愛おしいと思うのならば、きちんとフォードバックを交わし合いましょう。せっかくそんなに愛せるパートナーとマンネリのセックスに陥ってしまうなんて、人生の大きな喜びをひとつ失っているといっても過言ではありません。

## ●熟年は「挿入、急ぐべからず」

愛撫もそこそこに終わらせ、クンニやフェラチオもなおざり、すぐに挿入しようとする――そんな独りよがりのセックスに走れば、「この人とまたセックスしたい」とは思われないものです。年々、異性との出会いが減っていく中高年にとって、セックスする相手がいなくなるわけですから、それだけはなんとも避けたい事態です。

独りよがりのセックスにもさまざまなバリエーションがありますが、特に女性側からよく聞かれるのが、「一刻も早く挿入をしようとする熟年男性」の話です。なぜ、彼らは挿入を急ぐのか？　ここで理解のカギとなるのが、年齢に伴う皮膚感覚の変化です。

たとえば銭湯に行ったとき、まるで熱湯のような湯船に平気な顔をして浸かっている高齢者を見かけたことはありませんか？　熱い湯船に体を沈め、壁に描かれたペンキ絵を眺めて「極楽、極楽」と言っている高齢者たち、これは年齢が上がるにつれて皮膚の感覚神経が鈍くなることに起因するものです。

人間の表皮《ひょうひ》の内側には、触覚、圧覚、痛覚、温覚、冷覚といった5つの感覚をキャッチする受容器（センサー）が備わっています。そして、この触覚センサーのひとつである「マイスナー小体」は、20歳から80歳にかけて、その密度がおよそ3分の1に減少するといわれています。

大人に比べて子どものほうがちょっとした皮膚刺激に敏感で、小学生の頃、くすぐり合いをして遊んだ人も多いでしょう。しかし、年齢が上がるにつれて皮膚感覚が鈍ってくるため、高齢者は平気で高温の湯船に浸かっていられるのです。

セックスにおけるオーガズムも同じです。加齢により皮膚感覚が鈍化してしまうと、男性はオーガズムを得るために、体の他の部位よりも敏感であるペニスによって快感や刺激を得ようとします。つまり、熟年になるほど、快感におけるペニスへの依存度が高くなってしまうのです。

片や女性のオーガズムはどうでしょう。ここで忘れてならないのは、女性の場合は膣の刺激そのものよりも、クリトリスでオーガズムを感じる人の割合のほうが多いことです。近年のカトラー博士による研究では、クリトリスへの刺激でオーガズムが得られると答えた女性が9割以上だったのに対して、膣への挿入によってオーガズムが得られると答えた女性は6割にとどまりました。

クリトリスは陰部神経という感覚神経の一種がもっとも密集した場所で、性的な刺激を得るためだけに存在する部位です。女性のなかには、クンニリングスで舐《な》められたほうが感じやすいのに、「挿入したほうが気持ちがいいから」とパートナーがまだ膣が十分に濡れていないうちに挿入してくるため、ひそかに痛みを抱えている人が少なくありません。じっくりクリトリスを攻めてほしい女性と、少しでも早く挿入しようとする男性――このようなすれ違いを繰り返せば、二人の溝は深まるばかりです。

皮膚感覚が年齢を重ねるにつれて鈍くなるのは、避けがたいことです。しかし、「自分は挿入したいけれど、彼女はクリトリスを触ってほしいのかな」と、相手の反応を見ながらアクションを選択できる度量の広い人と、「挿入して腰を振れば気持ちいいはず」とひたすら挿入にこだわったセックスをする度量の狭い人とでは、相手の満足度もまったく変わります。前者とは再びセックスすることもあるでしょうが、後者とは「次はない」可能性がぐっと高まります。中高年になり出会いやセックスの機会が限られてくるなかで、挿入を急いでしまう気持ちはわかりますが、くれぐれも焦りは禁物です。

## ●自分の快感は相手にも伝わる

好きな相手に気持ちよくなってほしい――挿入を急ぐ中高年の話をしましたが、そうはいっても、ほとんどの人がこうした気持ちを抱いているはずです。自分よりも相手がオーガズムを得ることで、深い満足感を得ることもあるでしょう。相手が気持ちよければ自分が気持ちいい。これはなにも精神論的なことだけでなく、脳科学的にも明らかです。

たとえばフェラチオといえば女性が男性にご奉仕する、というイメージもありますが、実はフェラチオの際はフェラチオをされている男性だけでなく、女性も性的に快感を得ていることを明かした研究結果があります。女性はフェラチオで男性がオーガズムに達した際、「A10神経」（中脳皮質辺縁系経路）という〝報酬系〟の神経回路が活性化し、ここが刺激されることでドーパミンが分泌し、快感や多幸感につながるのです。

また、脳活動を可視化する「fMRI」（磁気共鳴機能画像法）を用いた研究では、目から入る刺激に対して、視覚を司る脳の部位の反応が女性より男性のほうが大きかったという結果も報告されています。男性のほうが視覚から興奮を得ていると考えると、アダルトビデオに男性向け作品が圧倒的多いのも頷けます（もちろんアダルトビデオ好きの女性も大勢おり、女性向けのアダルトビデオの数も増えています）。

視覚優位な男性は、性的な興奮を得るために、目から入る刺激を好みます。相手の女性が感じている表情を目にしてますます興奮していく……そんな経験がある人は、少なくないでしょう。

逆に「オレは後背位しかしない」という人は、要注意です。バックの体勢では、女性は男性に背を向けているので、女性の表情が見えません。「あんあん」と淫《みだ》らな声を上げていても、ひょっとしたらその表情は仏頂面《ぶっちょうづら》かもしれません。「気持ちいい」と口にしても、実は歯を食いしばってピストンの摩擦による痛みに耐えているかもしれません。

互いにフィードバックのない状態で、相手の反応に耳を傾けないセックスは、ときに独りよがりな〝排泄行為〟に陥ります。

快感が互いを行き来し、幸せを感じることは男女ともに起こり得ます。じっくり時間をかけて、フィードバックを交わしながら、「相手の幸せは自分の幸せ」という境地にたどりつく。これも熟年の愛の作法といえるでしょう。

## ●離別、死別……パートナーがいない中高年こそ、マスターベーションを

人生においてセックスをするパートナーがいるのはとても素晴らしいことですが、年齢を重ねるほど、パートナーとの離別や死別など「別れ」が現実的になります。

内閣府の調査『男女共同参画白書 令和4年版』によると、「配偶者、恋人はいない（未

婚)」との回答は、男女ともに全世代で2割以上、50代では26・7％、60代では21・5％でした。

今や「3組に1組は離婚する」ともいわれる時代です。

先に挙げた内閣府の調査でも2015年以降、離婚件数は毎年約20万件で推移し、離婚件数は婚姻件数の約3分の1となっています。中高年でいえば、50代男性の13・3％は離婚経験があり、内訳として「現在は配偶者がいる人」が5・9％、「現在は独身の人」が7・4％でした。60代の男性に関していえば、12・9％は離婚経験があり、そのうち「現在は配偶者がいる人」が5・0％、「現在は独身の人」が7・8％です。

身近に肌の触れ合いを求められるパートナーの不在は、スキンハンガーにつながります。親しい人との触れ合いを失い、迫りくる老いや死の不安に苛まれていく……そんなとき、不安を解消するために欠かせないのが「オキシトシン」でした。

では、どうやって一人でオキシトシンを分泌させればいいのでしょうか？　答えはマスターベーション、つまりオナニーにあります。

マスターベーション関連グッズで有名なTENGAによるインターネット調査によれば、男女ともに就寝前にマスターベーションをする理由について、約3人に1人が「ストレス解消のため」と回答しています。女性に関していえば、就寝前にマスターベーションを行う理由は「眠りを助けるため」と答えた人が約4人に1人という結果になりました。マスターベーションは、ストレス発散や不眠解消につながることがわかります。

実際、マスターベーションでオーガズムを得ると、大量のオキシトシンが分泌され、不安な気持ちが低下し、緊張が緩和され、ストレス解消に直結します。さらにセロトニンも分泌され、眠気と覚醒のリズムを整えるメラトニンも分泌されます。また、β-エンドルフィンという脳内麻薬も分泌されます。このβ-エンドルフィンには、モルヒネの6・5倍もの鎮痛・鎮静作用があるといわれています。

身近なパートナーがいないときは、まずはマスターベーションをしてみてください。なかには、「夜一人でオナニーなんて、余計寂しくなるだけじゃないか」と感じる人もいるかもしれません。

ここで思い出してほしいのが、第一章でお話しした「性機能維持としてのマスターベーション」という概念です。

マスターベーションを定期的にすることで、ペニスの海綿体の血流を促し、組織の線維化を防ぎます。また、単に勃起するだけでなく最後まで射精することで、精液の一部である前立腺液を前立腺でつくり、精液を体外に出すための骨盤底筋を鍛えることにつながります。

特に前立腺は、加齢により異常をきたしやすい臓器です。前にお話ししたように月21回以上の射精で前立腺がんのリスクが2割減少するという研究もあり、マスターベーションは健康と長寿をもたらします。

不安や孤独感を覚えたら、眠る前にマスターベーションをしましょう。マスターベーションをして、オキシトシンを分泌させ、ぐっすり眠ること。これなら誰にも迷惑をかけず、お金もかかりません。心身ともに健やかに保ち、精力的に生きるためのマスターベーションに罪悪感を抱く必要はありません。ぜひ今日からは、多いに楽しみながら行ってみてください。

## ●過去の成功体験を捨て、社会性を取り戻す

孤独や不安を打ち消すのは、「肌の触れ合い」。しかし、その究極の形であるセックスに至るにはステップが必要ですから、まず他者と交流を図るためにスポーツや趣味、習い事を始めてみるのは、熟年にとって非常に有意義です。しかし、その際に大切なのは「若い頃に自分が得意だったスポーツや趣味」には、なるべく手を出さないことです。

たとえば、あなたが学生時代にテニス部に所属していたとしましょう。社会人になり、しばらくテニスからは遠ざかっていましたが、かつての厳しい練習に耐え抜いた記憶は、日常のふとした瞬間に今も色鮮やかによみがえってきます。そして中高年期を迎え、運動不足解消と人とのつながりを求めて、テニスサークルの門を叩いてみたとします。

しかし、誰しも中高年になると、思った以上に体は動きません。筋肉や関節、骨の強さも若い頃と比べて格段に衰えています。また、近所のテニスサークルといえども、長年テ

ニスを続けていた人が大勢います。そのなかで下積みからスタートして、いざラケットを握ってもうまくボールを打ち返せない。試合をしても、なかなか勝てない。特にプライドの高い人ほど、自尊心を傷つけられてしまいます。

「こんなはずじゃなかった」と心の中で呟くかもしれません。過去の華々しい記憶と自信は消失し、無理なフォームがたたって腰やひざを痛めてしまう――これでは元も子もありません。中高年ほど、「昔取った杵柄《きねづか》」は危ないのです。

そこで私がおすすめするのは、皆が同じスタートラインに立っている比較的新しい趣味やスポーツです。

なかでも近年、注目しているのが「ニュースポーツ」です。ニュースポーツとは、子どもから高齢者までを対象に「誰もが、いつでも、どこでも、いつまでも、気軽に自由に楽しめる」スポーツです。このニュースポーツでは、競い合うことよりも「楽しむ」ことが重視されているのが特徴です。

長い歴史のあるスポーツの場合、30年以上やっているという強者が存在することも珍しくありません。経験があるから強くて上手いとは限りませんが、まったくの素人よりは試合慣れもあり、その差を縮めることはなかなか難しいでしょう。しかし、歴史の浅いニュースポーツなら、ほぼ皆が素人からスタートするため、気負いなく始めることができます。

このニュースポーツのひとつに、「ボッチャ」というものがあります。これは「ジャックボール」と呼ばれる白いボール（目標球）を投げ、赤・青のそれぞれ6球ずつのボールを投球して、いかに近づけるかを競うスポーツなのですが、もともとは重度の脳性まひ者や四肢まひ者のために考案されたものです。つまり、中高年であまり体力や筋力に自信がない人でも気軽に取り組めるスポーツといえます。

スポーツ以外でいえば、料理教室もおすすめです。最近では、料理初心者の男性でも参加できる料理教室が次々と開講されています。包丁の持ち方から食材の切り方、ハンバーグなどの定番おかずを教えてくれる教室がたくさんあるようです。

前にお話ししたように、中高年になるほど、失敗を恐れ、柔軟性が失われていきます。そして、ついつい昔取った杵柄であったり、過去の成功体験をトレースしようとします。それは恋愛やセックスにおいて、オレ流に固執するあまり、目の前の異性に向き合わない姿勢につながっていきます。

当たり前の話ですが、過去と現在では、状況が違います。体は若くありませんし、恋愛やセックスの相手も、経験を積んだ異性が多くなります。仮に相手が年下であったとしても、20代、30代の頃の恋愛とは二人の関係性が異なります。

こうした異なる状況下で、若い頃に成功したオレ流に固執し続ければ、それは歪な形に映ることでしょう。

たとえば、女性と二人でバーで飲む機会があったとします。若い頃はお酒の蘊蓄《うんちく》を披露すれば、「若いのに飲み慣れている博識な人」と受け取られ、うまく口説ける可能性もあったかもしれません（それでもあまり上手な口説き方とはいえませんが）。

しかし、熟年になって蘊蓄ばかりを語っていると、「いい歳をして知識をひけらかすだけのつまらない人」と受け取られることのほうが多いでしょう。知識は相手との対話を楽しむための引き出しのひとつに過ぎません。あくまで対話を盛り上げる手段として、必要なときに懐刀《ふところがたな》として使えばいいのです。若い頃は引き出しがないので、必死に知識で自分をアピールすることも許されますが、熟年になってまで「オレはこんなにすごいんだ！」とアピールするのは、スマートとはいえません。結果、対話はなおざりになり、「この人といてもあまり楽しくない」と、夜を共にするまでには至らないでしょう。

過去の成功体験は自信の礎《いしずえ》となりますが、そこにこだわっていては成長はありません。熟年こそ、失敗を恐れず、目の前の人や出来事に集中する。趣味として、今まで経験したことのないジャンル、それも自分も含めて全員のスタートラインが横並びのものを選ぶことは、立派な戦略なのです。

## ●同世代の異性の友人をつくるべし

いきなり質問ですが、あなたは同世代の異性と15分間、楽しく雑談できますか？

そして今、性的な関わりを持っていない異性の友人が何人いるでしょうか？

中高年になると、家庭があったり、時間的余裕がなかったりで、異性の友人は意外と少なくなるものです。

特に女性は、年齢とともに〝手強く〟なっていきます。

男性の仕事の愚痴やおやじギャグにも、若い女性ならば「すごいですね～」「知らなかった！」などと気をつかってくれるかもしれませんが、年齢を重ねた女性はクールに受け流してしまいます。

出産や子育て、なかには離婚や死別など、人生の修羅場をかいくぐってきた彼女たちにとって、「それはちょっと違うんじゃない?」と男性に反論することは、さほど難しくありません。

仕事や家事、育児、介護と、ただでさえ忙しい日常の中で、自分の貴重な時間を割いてまで愚痴や過去の武勇伝ばかり聞かされたら、誰しもうんざりしてしまいます。対話ができない相手とは、「茶飲み友達にすらなりたくない」。これは男性問わず、そうでしょう。

逆に、熟年になっても「聞く耳」を持ち、対話ができる異性は貴重です。そうした人の周りには自然と人が集まり、異性とも良好な人間関係が築かれていきます。


つまり、中高年になっても、肉体関係や経済的なサポート抜きにあなたに会いたいと思う同世代の異性がいるということは、あなたにそれだけの人間的な魅力がある証拠。同世代の異性の友人は、自分の度量の広さを推し量るバロメーターともいえます。もしかしたら、5年、10年と友人関係を続けるなかで、恋愛、セックスへと発展するタイミングがあるかもしれません。そんな夜は、途轍《とてつ》もなく燃え上がることは想像に難くありません。

逆に、手軽にセックスできる相手ばかりを探して、同世代の異性の友人が一人もいない、経済的なサポートや職場の上下関係ありきの付き合いしかない……そんな人は、まずは一人でもいいので、なんでも言い合える同世代の異性の友人をつくるところから始めてみてはいかがでしょうか。

## ●「若さ」に価値を置くことのリスク

同世代の異性の友人をつくる大切さをお話ししたのは、若い異性との関係性において、「イタい中高年」になってしまう人が少なくないからでもあります。

「やっぱりオンナは若いコが最高だよ！」

お酒の席などで、しばしばこのようなやり取りが中高年男性の間で交わされます。

男性が「若さ」に価値を見いだすことは、一定の理解ができます。というのも、たとえば50代後半となった私は、今から妊娠をして子どもを産むことはできませんが、20代・30

代の女性ならば十分に妊娠・出産が可能だからです。

ご存じのように、女性の妊娠にはタイムリミットがあります。女性が子どもを産めるのは「性成熟期」にあたる10代の終わりから40代前半といわれています。


人生100年時代の長い人生において、わずか20年ほどしかない出産可能な期間は、とても価値のあるものです。平均寿命がどんなに延びようとも、出産できる年齢には限界があります。そして男性が、そのような高い価値を有する若い女性に率先してアプローチすることは、生物として一定の合理性があると言えるでしょう。

しかし、これは同時に諸刃の剣でもあります。

人は何かを手に入れようとするならば、それに応じた「対価」を支払わなければなりません。家や車を買うのにも、レストランで食事をするのにも、その代金が必要です。同じように生物学的に女性の「出産可能な20年」を求めるならば、それ相応の対価を自分も差し出さなくてはならないわけです。

しかし、もし対価を与えられなかったとしたら……その時点で自分だけが得をすることになり、対等な人間関係は成立しません。もし、「自分さえよければいい」と考えるのであれば、その人の人間性や品格が問われることになります。

たしかに、若さはかけがえのないものです。しかし、年長者が若い異性にアプローチしようと思った場合、自分は何を相手に与えられるのかに自覚的であることが、最低限のマナーとなるでしょう。

こと日本においては、若さや未熟なことに価値を見いだす傾向が強くあります。「初々しい」「若々しい」は褒め言葉ですし、食べ物も「初ガツオ」のように初物へのこだわりがあります。かつての女子大生ブームや女子高生ブームは、「女性は若ければ若いほどいい」という風潮に拍車をかけました。化粧品の広告では「○歳若く見える肌へ」というキャッチコピーがよく見られます。

この女性の若さを尊ぶ背景として、生物学的な切り口とは別に、日本特有の文化も深く影響しているように思えます。日本は島国かつ農耕民族です。外敵の脅威は他国に比して少なく、穏やかな社会のなかで、皆で協力して農業を営んできました。

そして、そのような社会では、若くて体力があり、子どもをたくさん産める若い女性が尊ばれ、価値を見いだされます。

一方、常に外敵の脅威にさらされたり、狩猟・採集の能力が必要とされる民族の社会では、出産・子育て以外の役割として、ときに男性とともに狩りをしたり、武器を持って敵と戦うなど、知恵やサバイバル能力に長けた女性にも価値が見いだされてきたと考えられます。

現に今も、欧米では日本ほど「若さそのもの」に価値が置かれていません。むしろ、「成熟していること」が重視されます。恋愛市場においても、知性や経験のある成熟した女性のほうが、若い未熟な女性よりも魅力的とされる傾向があります（もちろん、なかには若い女性が好きな男性もいますが、日本とは全体的な傾向が異なります）。

あくまで一例ですが、フランスのマクロン大統領の妻は24歳年上です。日本の「女房と畳は新しいほうがいい」という言葉とは、正反対の価値観です。農耕民族と狩猟民族では、女性に求める価値がこうも違ってくるのです（ちなみに、日本にも「ひとつ年上の女房は金の草鞋《ぞうり》を履いてでも探せ」という言葉がありますが、それでも「ひとつ年上」にとどまっています）。

閉経後の女性に対する考え方にも、日本と海外では違いがあるようです。

日本では、かつて食糧難を解決するための「口減らし」として、年老いた老人を山に捨てた……という伝承が語り継がれています。いわゆる「姥《うば》捨て山」伝説です。

一方、海外に目を向けると、その様相は変わります。ひとつ例を挙げると、閉経を迎えた高齢女性の存在が部族の繁栄や種の存続に大きな役割を果たしていたのではないか、とする考え方があります。よく知られているのが、アメリカの人類学者、クリスティン・ホークス博士の調査です。

ホークス博士が調査したのは、アフリカのタンザニアに住む狩猟採集民族「ハッザ」。ハッザの人々は、弓矢を使って狩猟を行い、木の実や果物、蜂蜜などを採って食料にしています。彼らにとって食料を採集することは、何よりも大切な日課です。そしてホークス博士は、彼らの採集における効率や量が、世代によってどのように違うのかを検証しました。すると、高齢女性は若者と作業効率が遜色《そんしょく》ないにもかかわらず、採集にかける時間が若者より長いので、総合的に一日に持ち帰る食料が若者より多いことが判明しました。さらに、余剰分を孫や近親者に分け与えてもいました。

それだけでなく、子育てを終え、出産可能な年齢を過ぎた女性たちが孫の子守りをすることで、孫の生存率の向上にも寄与していたのです。
ここでホークス博士が唱えたのは、生殖機能を失った「おばあさん」が、長生きして自分の子の子育てを手伝うことで、種の繁栄にとって大きな役割を担っているのではないかということ。この仮説は、「おばあさん仮説」とも呼ばれています。

こうした人類学的な見方が性的な魅力と必ずしも一致しないとは思いますが、少なくとも「若い女性が最高」という単純な価値観からは脱却できるはずです。そして、そのような地に足のついた女性観があれば、欲望のままに女性との距離感を失うリスクも減ります。
閉経を迎えた女性や更年期の女性に対して、「もう女が終わったな」などと揶揄《やゆ》する男性もよくいます。しかし、それは大きな間違いです。そもそも更年期の「更」は、「更衣室」や「更新」のように「変わる、変える」という意味を持つ漢字です。決して「終わり」ではありません。

自分が与えられるものを顧《かえり》みずに、若さだけを追い求め、女性そのものへの眼差しを閉ざしてしまう――そうした男性には、女性のほうも愛ある眼差しを向けてはくれないでしよう。

## ●知ることは生きる力になる

ここまで中高年における異性や恋愛、セックスへの向き合い方、いわば「熟年の愛の作法」についてお話ししてきました。

セックスは究極のコミュニケーションです。そこでは、オレ流を押し付けて相手を支配するのではなく、対話によって愛し合う姿勢が求められます。逆に、他人の意見に耳を貸さず、過去の成功体験にばかりしがみついていると、やがて社会性を失い、セックスから縁遠い孤独と不安の中へ陥っていきます。

私の主宰するオンラインコミュニティ「秘密の部屋」でも、性への向き合い方についてよく投稿するのですが、「30年前にこの知識や考え方に出合いたかった！」と嘆く人は一人や二人ではありません。「言われるまで気づかなかった」「その視点で考えたことはなかった」という声が数多く寄せられます。

過去に行ったアンケートでは、性交痛や腟萎縮について男女ともに7割以上の人が「知らなかった」と回答していました。女性の膣は、セックスやマスターベーションなど、定期的な性行為を行わなかったり、適切なお手入れをしなければ、年齢を重ねると萎縮して濡れにくくなり、セックスでペニスを挿入しづらくなります。

性交痛は特殊な症状ではありませんし、「こういった理由で、私は痛みを覚えているんだ」と本人が納得するだけでも、性への向き合い方や心持ちは変わります。

愛撫や体位などのテクニックについても同様です。

今でこそ性教育が公《おおやけ》に語られるようになりましたが、性やセックスに関する正しい知識を誰かに教えてもらう機会は、まだ少ないのが現状です。特に、中高年のセックスに関しては、「いい歳をしてセックスなんて」というネガティブなイメージが根強く、ほとんど語られていません。アダルトビデオで目にした体位や愛撫法を見よう見まねで試みたものの、相手から正しいフィードバックを得られず、あいまいなコミュニケーションに終始してきた人もいるでしょう。

まずは、「知る」ことが何より大切です。それは性の知識であり、また目の前にいる愛すべき人について、です。知らないから、なんとなく昔から続けてきたやり方を相手に押し付けてしまう。そんなもどかしいコミュニケーションも、「知ること」で変われます。

中高年男性の性の悩みのナンバーワンは勃起不全（ＥＤ）ですが、「ＥＤ＝バイアグラ一択」という時代はすでに終わっていることは、第二章でもお話ししたとおりです。ＥＤ治療薬だけでなく、陰圧式勃起補助具のビガーや骨盤底筋を鍛えるラブコアなど、勃起を補助するツールはたくさんあります。またＥＤ治療薬もオンライン診療で身バレや顔バレをせずに医師の診断を受け、手に入れることができます。しかし、そうした手段やツールがあることを知らない人は、「勃起ができなくなった＝セックスはもうできない」と自暴自棄になってしまっているかもしれません。

知ることは生きる力になります。正しい知識を身につけることで、熟年でもセックスを楽しめるようになる。相手を知る努力をすることで、より深いセックスに到達できる。その結果、日々が輝きを増し、生きる力がわいてくるのです。

私が医療従事者という立場から中高年の性に関して発信を続けているのも、一人でも多くの人が性に対する正しい知識を身につけ、知識をアップデートし、人生１００年時代を生き生きと過ごしてほしいと願っているからに、ほかなりません。

# 第四章　熟年のための「セックス道」

## ●熟年のセックスには、「型」が必要

過去の成功体験にこだわり、目の前の相手を見ずに、オレ流を貫き通しても最高のセックスには至らない——。

いくら経験やスキルがあっても、相手の気持ちや感じ方を無視して自分本位のセックスをすれば、パートナーは「私って愛されていないのかしら？」「大切にされていないのかな……」など、自分が蔑ろにされたように感じ、愛が冷めてしまいます。仮に自分本位なセックスをしているつもりがなくても、「男がリードしないと」との固定観念にとらわれ、無意識のうちに相手がノーと言えない空気をつくってしまうこともあります。

では、独りよがりのセックスに陥らないためには、具体的にどうすればいいのでしょう？

本章では、若い頃のようには思うままにいかない熟年ならではの方法論、「熟年のセックス道」についてお話ししていきます。

熟年——年齢を重ねて体力や集中力が衰えると、日常生活で予期せぬアクシデントが増

えます。外出するときによく忘れ物をしてしまう、登れると思った段差でつまずいてしまう。こうしたアクシデントは、セックスにおいても同様です。挿入しようと思ったらコンドームが見当たらない、勃起の調子が悪い、挿入したと思ったら中折れをしてしまった……ベッドでのハプニングは、誰にでも起こり得ます。このような状況で慌てふためいてパニックに陥っていては、満足に相手とコミュニケーションを取ることもできません。

予期せぬアクシデントに不安を抱えながら、なんとか無事に射精まで至ろうと、自分のことで手いっぱい。そんな事態を回避するために重要なのが、「型」の概念です。

私の愛読している教育学者・齋藤孝先生の著書には、日本人の精神性や武道について記されたものが数多くあります。そこでは、「型」について「その流派が最も得意とするエッセンスを形にして、一人で練習できるようにしたもの」（『日本人」力　九つの型』より）と述べられています。

齋藤先生の言葉を借りれば、柔道や剣道などの武道では「型をひたすら練習していると、技の基本形が身に付いてくる」と考えられていました。この理論は、茶道や華道などの稽古事にも通じています。私自身、学生時代に剣道部に所属しており、ひたすら素振りの稽古をしたものです。

あらかじめ決まった動作を繰り返すことで、その動作が身につくだけでなく、「うまくいかないんじゃないか？」という不安や心配を払拭《ふっしょく》し、心を整える効果もあります。「型」を身につけることで、平常心を保つことができるのです。

2015年のラグビーワールドカップで話題を呼んだ「五郎丸ポーズ」を覚えている人も多いでしょう。中腰で人さし指を立てて胸の前で両手を組む五郎丸選手の独特のポーズは、大人も子どももまねるほど社会現象になりました。ワールドカップという凄まじいプレッシャーのなか、五郎丸選手はキックをする前に一連の動作を行い、「動きそのもの」に集中するルーティンを繰り返しました。「もし外したら……」、そんな不安やプレッシャーを振り払い、平常心を保ち、正確なキックを繰り出す。これもまた、一種の「型」といえます。

剣道では、「守破離《しゅはり》」という言葉があります。「守」では、まずは決められたとおりの動き、型を忠実に守ることを学びます。「破」では、守で学んだ基本に自分なりの応用を加え、やがて「離」では、型から離れ、独自のスタイルを確立します。
「型があるから『型破り』、型がなければ『形なし』」という言葉があります。これは、禅宗の僧侶で教育者の無着成恭先生によるもので、後日、中村勘三郎さんが引用して、広まったそうです。「型破り」は見る人を魅了しますが、「形なし」では目も当てられません。物事の基本となる「型」を身につけているからこそ、型破りな芸を披露することができるのです。

もちろん、すべてが「型どおり」では、面白みもありません。私が繰り返しお話ししてきた、「自分本位ではなく相手本位」のセックスも、型にばかりこだわれば、相手を置き去りにしてしまいかねません。

しかし、きちんとした「基礎＝型」を知らずにオレ流を押し通せば、それは「形なし」になります。まずは、型を身につける。これはセックスに限らない、物事の普遍的な上達の道筋です。

## ●セックスは「才能」ではない

第三章で「度量の広いセックスとは、相手の反応をうかがいながら、自分が持つ引き出しから相手の求めるベストな選択肢を差し出せる」とお話ししました。「今日はちょっと濡れにくいみたいだから、ローションを多めに使おう」「後背位だとつらそうだから、騎乗位や正常位にしよう」といった具合です。相手に「ここはどう?」と聞いて、その都度、微調整を重ねていくのも、成熟した大人の対応です。

こうした振る舞いは、なにも生まれ持った才能や資質ではありません。セックスにおける深い洞察力と広い想像力と、それに裏打ちされた実践は、経験によって培われるものです。

たとえば、アダルトビデオで数多くのセクシー女優と共演するベテラン男優は、何百人、何千人もの女性とセックスするなかで、「このタイプの女性なら、おそらくこういう体位がいいだろう」といったふうに観察力、洞察力、想像力を磨き、実践に生かしているはずです。

しかし、多くの経験を積むことができるプロと私たちでは、事情が異なります。普通の人にとって、セックスで「百戦」することは容易ではありません。人によっては「十戦」、いや「一戦」しか経験がないかもしれません。

そこで重要となるのが、やはり「型」なのです。本来ならば実践を通じて得られる洞察力と想像力を、「型」を学んで身につけるわけです。

ただし、セックスは武道やスポーツとは違い、師匠やコーチに教わったり、練習することができません。ですから、多くの場合はアダルトビデオなどを見て、そのまねから始めることになります。

とはいえ、必ずしもその手本が正しい道筋とは限りません。なかには、しっかりと型を学んだ熟練の男優だからこそできる型破りな手技や愛撫をまねて、自分もできたと勘違いしてしまう人がいます。型が身につく前に型破りをまねたところで、それは形なしでしかありませんし、相手から「ただのがさつで乱暴な人」とみなされるでしょう。

では、私たちは何を手本に型を学べばいいのでしょう？　それはまず第一に、医学的データに基づいた知識です。特にセックスの分野では、個人の経験を基にした、さまざまな言説がインターネットを中心に数多く見受けられます。そのなかには、非科学的で怪しげな言説も少なくありません。しかし、性の悩みはプライバシーや尊厳にかかわるデリケートなものなので、誰にも相談できず一人で抱え込んでしまい、最終的に信憑性《しんぴょうせい》に欠ける高額な情報商材などをつかまされてしまうこともあります。

だからこそ、まずは医学的な知識を学ぶこと、特に物事の「平均値」を知ることが大切です。たとえば、身長や体重に平均値があるように、性やセックスにおいても平均値を知ることで、自分が今、どういう状態なのかを客観視できるからです。

もしもEDで悩んでいるのなら、「EDは60代の日本人男性なら2人に1人が発症しており、その原因にはどういったものがあるのか」といったデータを知れば、打開策も考えられます。また、性交痛に悩んでいるのなら、「日本人の何%が何歳から、どの程度の性交痛を感じているのか？」といったデータに積極的に触れていきましょう。信頼できる医学的データに触れることで、コンプレックスを煽《あお》るだけの偽情報や悪質な広告に惑わされなくなります。なかには、第三章でお話ししたように、「お前のアソコ、臭いな」などとコンプレックスを刺激して相手を支配しようとする人もいるので、そうした悪意の呪縛から自由になるためにも、正しい知識を身につけることが有効です。

なにも、これまでの人生で培ってきたオレ流セックスをすべて否定するわけではありません。そこにこだわる前に、まずはもう一度、基盤となる型を学ぶ。正しい知識やデータに触れる。その上で、自分なりの経験を加えてアレンジし、型破りを目指すべきです。健康寿命が70歳を超えた今、60歳はまだ発展途上といえます。慢心することなく型を身につければ、それが自信となって目の前の相手に集中できる――これこそが、60代からの「セックス道」です。

## ●「愛している」の落とし穴

よく「セックスでスキルやノウハウなんて語るのは野暮なこと。愛情があるセックスが、相手がもっとも感じるんだよ」と語る人がいます。ある程度経験を積んだ中高年になると、「もう性欲だけのセックスはいい。愛のあるセックスがしたい」と願う人も増えます。

しかし、この「愛している」こそ、もっとも取り扱いに注意すべき言葉です。セックスは愛情を確認し、表現する手段です。愛情を感じるセックスは尊いものですが、だからといって愛情があればすべてうまくいくほど、人間の体は単純ではありません。

医学的にも、愛情とは別に、どんなときに人が「性的に感じる／感じない」かというメカニズムは、すでに多くの事実が解明されています。これは一例ですが、富永ペインクリニックの性交痛外来には、「最近、セックスのときに彼女が濡れないのは、自分のことを愛していないからでしょうか?」と思い悩む中高年男性がよく訪れます。しかし、愛液の量は、必ずしも愛に比例しないのです。

女性の場合、愛があっても濡れないことがあります。それはホルモンの変化が一因です。女性は更年期になると、女性ホルモンのエストロゲンの分泌量が減り、膣が濡れづらくなる。これは人体の構造として、正常な反応です。また、汗をかきやすい人とそうでない人がいるように、更年期に関係なく、膣分泌液の量は個人差が大きいのです。

もしも正しい知識を持たない人が、膣分泌液の量に個人差があることを知らずに、「僕には愛があるから大丈夫」と、我流のテクニックで迫った場合、どうでしょうか。たまたま体の相性がよければ問題ないですが、そうでない場合、「愛している」の旗印の下、強引な愛撫や挿入に相手は悲鳴を上げるはずです。

愛は「心の内側から自然にわき上がってくるもの」と思われがちですが、実際には「育むもの」です。無情にも、愛はときに消え去り、ときに奪われることがあります。そのような性質を持つ愛を健やかに育むためには、感情に身を任せてばかりではいけません。愛情を相手に効果的に伝えるためには、やはり型が重要であり、経験、知識、スキルが必要です。これは日常生活からセックスまで、あらゆる場面に共通することです。

セックス寿命を延ばして、熟年の性生活を心から楽しむためには、知識と実践の双方が欠かせません。「愛さえあればいい」わけではないのです。加齢とともに体の機能が衰え、若い頃と同じやり方は通用しづらくなります。50代には50代の、60代には60代の、70代には70代のセックスの楽しみ方があります。人生最高のセックスを味わうためには、いま一度、謙虚にセックスと向き合う姿勢が何よりも大切でしょう。

## ●最高のセックスに至る「セックス道」

熟年のセックスにおける「型」は、愛を育み、愛情を効果的に伝えるために欠かせないものです。では、具体的にどういったことが必要なのでしょうか？　その説明に入る前に、セックス道における「心得」をお話しします。

## 心得①　「今できること」にフォーカスする

熟年のセックスでは、「できなくなったこと」よりも「今できること」に焦点を当てましょう。

加齢に伴い私たちの体力や筋力は低下し、さまざまな体の変化が生じます。男性ではEDの有病率が上がり、女性はエストロゲンが低下し、膣の潤いが減少し、性交痛が生じることもあります。若い頃には何の苦労もなくできていた体位やプレイが困難にもなります。

ベッドの上でそんな現実を目の当たりにすると、「もう自分は終わってしまった……」と切なさや悔しさ、無力感やコンプレックスに苛まれることがあります。逆に、「いや、まだだ！　まだオレはできる！」と加齢に抗いたい反骨心が芽生えることも。そして、女性を抱きかかえたまま挿入する「駅弁」など体に負担のかかる体位を試みて、あえなく腰を痛めてしまう中高年男性は少なくありません。

しかし、考えてみてください。「若い頃と同じようなセックスをできなくてはならない」という決まりはどこにも存在しません。もしこれが短距離走なら、「学生時代は100m

を12秒で走れたのに、今は24秒かかってしまう。いかんいかん！　今も12秒で走れるようにならなくては！」と考える人は、ほとんどいないでしょう。ところが、セックスに関しては「若い頃のようなたくましい勃起や激しいピストンが60代になっても必要なんだ」と考える人が多いようです。当然ながら、目標の設定そのものに無理があります。

ここで大切なのは、過去の自分と比較するのではなく、「今の自分にできること」に目を向けることです。もし今、糖尿病で勃起に問題があるのなら、「おヘソにつくほど勃起しなくては」などとかつての自分を思い出すのではなく、今の自分が少しでも勃起が高まる方法を探しましょう。もし中折れに悩んでいれば、少しでも勃起力を維持できる方法を考えてみましょう。何歳になっても「今、できること」に焦点を当て、自分なりの「ゴールデンゴール」を設定しましょう。どんなに小さな目標でも構いません。ひとつひとつ目標を達成し、以前よりも少し硬くなった勃起を目にすれば、自己肯定感が高まり、過去と比較して弱気になっていたときよりも、見違えるように元気になっているはずです。

## 心得② 「今、この瞬間」を味わう

「今、この瞬間」は、セックスを楽しむために大切なキーワードです。

「挿入直前ED」になってしまう人の大半は、「また前回のように、挿入前に萎えてしまったら嫌だな……」といった過去の記憶や不安にとらわれてしまい、目の前で起きている「今、この瞬間」のセックスを存分に味わっているとはいい難い状態です。

ストレスや不安に意識が支配されると、脳の「扁桃体《へんとうたい》」という部位が活性化され、ストレスがさらに増大します。扁桃体は、脳の左右にある神経細胞の集まりで、感情の処理や直感力、またストレス反応に重要な役割を担っています。

セックスの最中、「また失敗をしたらどうしよう」と不安に駆られると、この扁桃体が活性化し、不安を増幅してしまいます。その結果、不安が現実となってしまう、つまり、「挿入直前ED」になってしまうのです。

このような「心ここにあらず」の悪循環から脱却するためには、意識を「今」に向けなくてはなりません。この状態を「マインドフルネス」といいます。

マインドフルネスは、「今、この瞬間、自分が経験していることに対して、一切の判断をせず、ただ意識している心の状態のこと」とも説明されます。１９７０年代からアメリカで研究が進み、瞑想《めいそう》や呼吸法などにも用いられ、米国のＧｏｏｇｌｅでは「マインドフルネス研修」も行われているようです。そして、痛みの治療の現場でも、「今、この瞬間」に集中する考え方は、認知行動療法の一環としてしばしば用いられます。

ただし、このマインドフルネスは一朝一夕でできるものではなく、日常のささいな行動を通じて「今、この瞬間」を味わうトレーニングをしていきます。たとえば、毎日歯磨きをする際に歯の一本一本を意識しながら「あ、今は前歯を磨いているな」「歯茎がくすぐったいな」と、感覚そのものにフォーカスします。歯磨きはせいぜい5分や10分ほどの短い時間ですが、その間、脳は不安から一旦切り離された状態になっています。歯を磨き終わったあと、再び不安やストレスを思い起こしたとしても、次第に不安と距離を置くことができるようになります。

セックスにおいても同様に、「今、この瞬間」の感覚に集中すれば、不安やストレスから解放されて、快感を享受できるようになります。もしセックスの最中に不安にのみ込まれそうになったら、目の前の相手の肌のぬくもり、香り、声、息遣い、目の動きなどひとつひとつに集中してみましょう。「あ、今彼女の肌がうっすら汗ばんでいるな」「目をぎゅっとつぶっているな」など、頭のなかで言葉にして確認するのもよいでしょう。最初はうまくできなくても、日常生活から「今、この瞬間」を意識するトレーニングを積んでいれば、やがてセックスにも応用できるようになるはずです。

セックスは相手あってのもの。パートナーの反応が気になるのは当然ですが、相手の表情や反応ばかりをうかがっていると、挿入直前EDの負のループから抜け出すことが難しくなります。「今、この瞬間」を生きるには、自分自身の快楽を置き去りにはできません。若い頃に挿入直前EDが少ないのは、自分自身の欲望に正直だからだとも言えます。中高年になると経験がある分、相手の反応が気になりすぎる側面もあるのです。相手を優先するあまり自分の快楽から目を逸らしているから、今、目の前にあるセックスの快感に没頭できず、挿入直前EDに陥ってしまうのです。

## 心得③ セックスは「自分らしさの総本山」

社会に出ると、自分の思いだけではどうにもならない出来事や人間関係のしがらみがあります。人生の辛酸を味わってきた中高年なら、いくつも思い当たることでしょう。

一方、セックスは限りなくプライベートな行為です。もちろん恋人や配偶者といった相手は存在しますが、社会や他者からの影響が極めて少ない環境で行うものです。相手以外、誰からも見られず、誰からも評価されません。「今の愛撫はよかった」「このクンニリングスはいまいち」というような評価が、第三者から付与されることはありません。セックスを評価するのは、相手、そしてほかならぬ自分自身です。

話は少し逸れますが、人知れずSMプレイを好む紳士淑女も数多くいます。私の友人、知人にもSM愛好家がいます。SMにはハードなものから、ソフトなものまでさまざまなプレイがありますが、相手に無理強いをせず、二人の命に関わらない限り、タブーはありません。

しかし、社会生活を送る上で、「鞭を使ってほしい」「縛ってほしい」と口にすることは、やはり憚られるものです。「実は、自分がSM好きなんて言ったら、驚かれるんじゃないか」と、他人からどう思われるかが気になる人もいるでしょう。普段は性的な気配を一切出さず、大人としての務めをまっとうする彼ら彼女たちにとって、SMプレイは他人の目を気にせず、「本当の自分」をさらけ出せるかけがえのない時間なのです。スパンキング

（手の平で臀部を叩く行為）をしても緊縛をしても、誰も何も言いません。「気持ちよかった」「今度は違う場所でしてみたい」と意見を交わすのは、自分とパートナーの間だけです。

どうにもならない出来事やしがらみにとらわれがちな社会人にとって、性の営みとは、自分らしさを体現できる聖なる場であり、とても自己肯定感の高まる行為です。SMに限らず、どこまでも自分の生き方や考え方を追求できるセックスは、「自分らしさの総本山」。だからこそ、60歳で諦めるのではなく、60歳からいよいよ集大成となるのです。

## 心得④ パートナーとは「対等な関係」であれ

セックスは、パートナーと二人だけで行う「究極の共同作業」といえます。

年齢を重ねると会社では管理職になったり、独立をするなど社会的地位が増します。会社でもプライベートでも、気がついたら自分以外のメンバーは全員年下という状況も当たり前になります。そのような場では、年上という理由だけで、相手が自分に対して敬意を払ったり、ことさら丁重に接することもあります。それはそれでありがたいものですが、一方で、誰かと対等な関係で何かを一緒に成し遂げる経験が減ってしまうことに、一抹の寂しさを覚える人もいるでしょう。

そんな中高年にとって、パートナーと対等な関係で自分らしさを追求するセックスという営みは、とても貴重な場となります。

ですから、二人が互いに自分らしさを発揮できる場を形作るためには、そこに上下関係や主従関係を持ち込むのはご法度《はっと》です。よく見かけるのが、セックスの主導権をすべて男性が握っているケースです。女性には「セックスをする／しない」の選択権がなく、セックスは夫の一方的な性欲に応えるだけの「お務め」と化すことも珍しくありません。

お話ししたとおり、女性の場合、更年期に女性ホルモンのエストロゲンの量が低下することで膣分泌液の量も減って、性交時に痛みを感じることも増えますが、これは正常な反応です。そのような妻の変化に見向きもせず、性欲のはけ口にし続けた夫に対して、妻が性交痛を訴え、やがてセックスレス化するカップルは少なくありません。中高年になって子育てが一段落し、「いよいよ夫婦生活も再開」と思った矢先、妻から「もうお務めは卒業させてください」と言われてショックを受けるといったケースもあります。

事実、中高年における配偶者間のセックスレスは進んでおり、臨床心理士の荒木乳根子氏が行ったパートナー間のセックスレスに関する調査によれば、50代のセックスレス（月1回未満）の割合は、２０００年が45％だったのに対し、２０１２年ですでに77％にまで激増していました。もちろんセックスレスの原因はさまざまですが、そのひとつの要因に女性側がノーと言えるようになったという考察もあります。

セックスはプライベートなものですから、他の家庭の様子はなかなかうかがい知れないものです。そのため、夫婦の上下関係が、「こんなものか」と長期間にわたって固定化されてしまう側面があります。しかし、本来セックスは対等な関係で行う「共同作業」です。どちらが上、下ということはありません。長年、セックスの主導権を自分だけが握り続けた結果、ある日、愛想を尽かした妻に卒業宣言されてしまう……そんな事態だけは、なんとしても避けたいものです。

## 心得⑤ 体力の低下は「知恵」で補う

加齢に伴う体力の低下は抗いがたく、若い頃のようなセックスが困難になります。しかし、若い頃のセックスが唯一の正解ではありません。熟年は熟年なりの知恵と工夫でカバーすればいいのです。

ＥＤ治療薬やビガーなど勃起を補助するアプローチはもちろん、体力や筋力を必要としない体位や愛撫の方法、アダルトグッズなどプラスアルファの楽しみ方まで、知恵と選択肢は無数にあります。こうした知恵を知っているか知らないかでは、セックスの楽しみや可能性に雲泥の差が生じます。

ぜひパートナーと話し合い、いろいろと試してみましょう。いくつになっても挑戦と成長が、生きる張りをもたらします。ただし、怪我のリスクも増えていくので、あくまで正確な知識に基づいた、安全な行為であることが条件です。

体力の低下を補うために試した体位が、「こんなこと、これまで感じたことがなかった」ほど、新たな快感をもたらしてくれるかもしれません。今まで恥ずかしさもあって手を出してこなかったアダルトグッズに、「なんだこれは！」と新鮮な驚きを覚えることもあるでしょう。

必要は発明の母です。やむにやまれぬ性生活の知恵が、思わぬ未知の扉を開けてくれることは珍しくありません。

## 実践① すべての日常は「前戯」に通ず

さあここから、いよいよ実践編です。

まずは、前戯です。セックスにおける前戯といえばキスやフェザータッチ、クンニリングスやフェラチオを想起するでしょうか。いかに前戯で相手に気持ちよくなってもらうかに心血を注ぐ人も多いでしょう。しかし、実は前戯はベッドインする前から始まっているのです。

性に関する大規模実態調査「JAPAN SEX SURVEY 2020」の報告によれば、セックスの目的は男女で異なる結果となりました。女性は「愛情表現のため」との回答が1位だったのに対し、男性は「性的な快楽のため」が1位でした。セックスに愛情表現を求める女性にとって、ベッド以外の場所での愛情表現も重要になってくるわけです。

冬の寒い朝にゴミ出しを率先して行う、雨が降る前に気を利かせて洗濯物を取り込む……こうしたささいな行動も立派な愛情表現です。男性のなかには「愛しているよ」と言葉で表現するのが苦手な人もいますが、そういう人こそ、日常での行動で示してみてください。パートナーのベッドでの反応や愛情表現が、いつもより豊かになる可能性は少なくありません。

「性」は「生」、セックスと日常生活はひとつの線の上につながっているものなのです。

## 実践②　熟年カップルに推奨する「お風呂プレイ」

前戯は日常生活の延長線上とお話ししましたが、ぜひ熟年カップルのセックスに取り入れてほしいのが「お風呂プレイ」です。

前戯といえばキス、愛撫、クンニリングスなどさまざまなものがありますが、いずれの場合も男性の頭を悩ませるのが、女性の反応が薄いときです。若い頃なら「相手は恥ずかしがっているのかも」と考えたりもできますが、長年連れ添ってきたパートナーが「うん」とも「すん」とも反応してくれなかったら、寂しさを覚えてしまいます。ときには、「嫌がられているのかな」という不安すら頭をよぎり、セックスどころではなくなってしまいます。

では、なぜ彼女の反応が芳しくないのか？　もちろん理由は人それぞれですが、特に中高年女性の場合、考えられるのが「ニオイ」の問題です。

40歳から90歳の女性を対象とした疫学調査では、6人に1人がデリケートゾーンのニオイに悩んでいることが明らかになっています。その主な原因は、女性ホルモンです。加齢によりエストロゲンの分泌が減ると、膣内の悪玉菌が増えてしまいます。特にデリケートな部分を舐められるクンニリングスは、自分のニオイが気になって、つい女性は身構えてしまうものです。

そこでお風呂プレイが有効になります。クンニリングスなどの愛撫をベッドで始める前に、まずはお風呂できれいに洗ってしまえば、互いに安心できます。二人で体を洗い合ったり、湯船で他愛のない話をしたり、一緒に歯磨きをしたり……お風呂プレイは、実用を兼ねた愛情表現といえるでしょう。もちろん、いい雰囲気になれば、そのままお風呂で挿入を伴うセックスになだれ込んでも構いません。お風呂プレイなら「さあ、これから前戯をするぞ!」と構えることなく、日常生活の延長線上で、自然な形でセックスへと導けるはずです。

ただし、このお風呂プレイにも注意点があります。

中高年の女性のなかには、自分のデリケートゾーンをあまり見たことがない人が少なくありません。子どもの頃、「女の子は、お股を触っちゃいけません」と親から教えられた人もいるでしょう。そのため、自分ではきちんと洗っているつもりでも、実は洗い残しがある場合も少なくないようです。

もしパートナーの性器を洗う場合、特に大陰唇や小陰唇の間や、クリトリスを包むクリトリス包皮は慎重に優しく洗いましょう。ここで膣内に指を入れるのは避けてください。石鹸やボディソープが膣内の善玉菌を洗い流してしまうおそれがあるからです。同様に「いい雰囲気になってきたから」とボディソープをローションのようにペニスに塗って、そのまま挿入する行為は絶対に避けてください。挿入する場合は石鹸《せっけん》やボディソープをきちんと洗い流し、もしローションが必要なら専用のものを必ず使用すること。というのも、女性の膣には自浄作用があり、デーデルライン桿菌《かんきん》という善玉菌によって酸性に保たれ、外部からの雑菌の侵入を防いでいます。しかし、弱アルカリ性の石鹸やボディソープが膣内に入り込むと、善玉菌と悪玉菌のバランスが崩れ、ニオイやかゆみの原因になってしまうのです。

また、お風呂プレイでは足元が滑らないように浴槽内に吸盤つきのマットを敷いたり、クッション性のある厚手の「すのこ」を活用するのもおすすめです。本来の入浴とは異なる行為をするわけですから、安全面の配慮は欠かせません。最近では、ホームセンターの介護用品コーナーでも手に入ります。冬場はあらかじめシャワーで浴室を温めておく、夏場はお風呂を出てすぐに涼めるように寝室のエアコンを効かせておくなど半歩先を見越した気遣いがあれば、さらに「大人の余裕」を感じさせることができます。

最後に、ＥＤ治療薬を飲んでいる人は長風呂を避けましょう。お風呂で温まりすぎると、全身の毛細血管が拡張し、本来ならペニスに流れるはずの血液が体全体に巡って効果が半減してしまうからです。

## 実践③ クンニリングスはたっぷりと

次に熟年カップルにおすすめしたいのが、若い頃よりもクンニリングスの時間を長めに取ることです。

というのも、年齢を重ねると男性なら勃起する、女性なら膣全体が濡れるといったふうな「エンジン」のかかりが遅くなるものです。そこでエンジンが始動するまで、時間をかけてクンニリングスをしてみましょう。デリケートゾーンのニオイが気になる人も、お風呂プレイのあとなら気兼ねなく楽しめるはずです。

この際、気を配るのはクリトリスへの刺激です。クリトリスは脊髄の一部である仙髄《せんずい》から伸びる陰部神経の終末で、その神経がもっとも多く密集し、しかも体の外に出ている「臓器」です。そのため、ささいな刺激にも敏感に反応する部位なので、いきなり「尖らせた舌先で執拗に刺激する」「舐め回す」「強く吸う」のはご法度です。

クリトリスは、力を抜いた柔らかい舌の中腹を「面」で押し当てるように刺激するのが正解。舌の温度をじんわりと伝えるイメージでクンニリングスをすることで、女性もリラックスしながら快感を得て、自然と腰を動かすようになるはずです。

## 実践④ 優しく抱きしめる「ホールド」が多幸感をもたらす

第三章でお話ししたように、肌と肌のぬくもりを得る機会は、年齢を重ねるごとに減少します。特にコロナ禍を経て、スキンハンガーに陥る中高年も増加しました。これは男性に限らず、女性にも起こることです。

女性に話を聞くと、「前戯ではキスもいいけど、まずは優しく抱きしめてほしい」という声をよく耳にします。ここでは「ギュッ」と力強く抱きしめるのではなく、接着面積を広く、優しく相手を抱きしめるのがポイントです。向かい合って抱き合うだけでなく、接着面積が大きい背中からそっとホールドしてみるのもよいでしょう。中高年になると女性も下腹部に脂肪がつきやすいため、気にしている人もおり、背中側からそっとホールドすれば女性も身を委ねやすくなります。

この「優しく抱きしめる＝ホールド」で得られるのは、何より安心感です。肌と肌のぬくもりを感じることで、脳からは愛情ホルモンのオキシトシンが分泌されます。オキシトシンが分泌されると、安らぎ、肯定感、絆の強まり、ストレスの緩和、記憶の促進、リラックスなど多幸感に包まれます。また、男性は信頼感や寛容さが増幅するといわれています。

体を寄せ合うことで胸部の皮膚の血管が拡張し、温度が上昇します。すると、体にある温度センサーや触覚センサーが働き、落ち着きや安心感を得られるのです。

また、「女性がオーガズムに達するには、リラックスしていなければならない」という絶対条件があります。そのため、ホールドによって相手に心を許すことで、オーガズムにも達しやすくなるのです。

## 実践⑤ 男女のオーガズムの違いを確認する

「ホールド」が女性のオーガズムにとって重要とお話ししましたが、その背景として、「性反応の4段階」についても触れておきましょう。

人間の性的反応は、①興奮期、②高原期、③オーガズム期、④消退期という4つの段階に分かれています。これは1960年代にアメリカのマスターズとジョンソンという2人の学者が発表したものです。

まず、「興奮期」に入ると、男性の場合は勃起し、女性の場合は膣が濡れ、クリトリスが充血し膨らんでいきます。次に「高原期」に入ると、呼吸数、心拍数、血圧が上がり、男性の場合はカウパー腺から粘液が分泌され、女性の場合は膣の奥が広がり、子宮の位置が上がります。性的興奮が絶頂を迎え、いわゆる「イク」と表現されるのが「オーガズム期」で、そこから平常の状態に戻るまでが「消退期」です。

そして、これらの4つのステップをうまく踏まないと、女性はオーガズムに達することができません。男性はこのステップがおおよそ一直線に並んでいますが、女性はオーガズムに達するまでの道筋が多様で、多くの場合、男性よりも時間がかかります。個人差も大きく、一直線とはいかない場合がほとんどです。興奮期から高原期に移行し、オーガズム期に進むか……と思いきやまた高原期に戻るなど、一筋縄ではいかないのです。ときに女性はオーガズムに達することなく、消退期に至ることもあります。

その違いは、女性のオーガズムの複雑さに起因します。男性は視覚や男性器への刺激で興奮が高まっていき、一気に射精のオーガズム期まで進みますが、女性は全身の知覚神経、脳神経で感じる刺激、個体差のある敏感なスポットなど、さまざまな要素が複雑に絡み合いながら4段階を進むからです。

女性がオーガズムを得るには、副交感神経を優位にすることが重要です。リラックスした状態でなければ骨盤底筋が緩まず、体の準備が整う前にペニスを挿入されると膣に痛みを感じてしまいます。さらに、その痛みによってリラックスすることができず、痛みも増大する……といった悪循環に陥るのです。

また、女性は興奮期において、たしかに膣が濡れてきますが、ここで男性が「濡れているのなら、もう挿入してもいいだろう」と、ペニスを膣に挿入するのは適切ではありません。膣の入り口は湿り気を帯びているかもしれませんが、膣の内部は十分に充血していない場合があり、この時点で挿入すると性交痛を感じてしまう可能性があります。

男性は、「彼女が濡れてきたな」と感じる段階ですぐに挿入を試みるのではなく、彼女を優しくホールドしてリラックス状態に導き、副交感神経を優位にすることが大切です。心を溶かしながらゆっくりと興奮期から高原期に移行すれば、深いオーガズムに近づいていきます。決して焦らず、急がば回れ。それも熟年ならではのセックススキルといえます。

## 実践⑥ ローションは惜しみなく使う

熟年のセックスにおいて、なにより欠かせないのが「ローション」（潤滑剤）です。女性も加齢に伴い膣が濡れづらくなってきますし、男性も挿入に対して若い頃のような自信が持てなくなります。また、性交痛というと女性特有のものと思われがちですが、男性にも起こります。男性のペニスの皮膚も、加齢に伴い粘膜が薄くなり、摩擦に弱くなってくるからです。性交痛は「お互いさま」。そこで心強い助っ人となるのがローションです。

ローションと聞くと、性風俗などの「プロフェッショナル」が利用するイメージを抱いている人もいるかもしれません。それゆえ、「買うのが恥ずかしい」と感じる人がいるでしょう。女性の約3割はローションの存在すら知らず、自分から使ったことがないという調査結果もあります。

しかし、今や大手ドラッグストアやAmazonなどのECサイトで手軽に購入できます。無味無臭のものから、フルーツなどのニオイやフレイバーがついたものなど、実にさまざまな種類のローションがあります。もしパートナーに抵抗感があるようなら、男性から積極的に「使ってみない？」と提案してあげるのも優しさのひとつです。

そして、ローションの使い方には、ちょっとしたコツがあります。

私が患者さんによく指導しているのは、「自分の想定している量の3倍を使いましょう」ということです。一般的にローションを使う際、手のひらに500円玉大ほどの量を取って使う人が多いかもしれません。しかし、中高年にはその3倍の量を使うことをおすすめします。手のひらが小さな女性なら、手から溢れるほどの量になるでしょう。そして、これを1回のセックスで計3回、たっぷりと塗布するのが「富永流ローション使用術」です。

具体的な塗布の仕方は、次のとおりです。ローションは「挿入するときに使うもの」と思われがちですが、セックスが始まったらすぐ、愛撫の段階からローションを膣に塗布してください。男性がローションを口に含み、クンニリングスをしながら膣の中に入れるのもよいでしょう。中高年女性の場合、膣の入り口だけでなく、中が狭くなっている人もいます。この場合、口移しでローションを入れておくと性交痛の予防につながります。

次に挿入時です。ローションを外陰部にたっぷりと塗布してから、優しくペニスを挿入します。このとき、ペニスは一気に根元まで挿入しないことが重要です。女性の反応を見ながら、ペニスを3分の1ずつ、ゆっくりと挿入していきます。

3回目は、結合部の上からローションを垂らします。ピストン運動の摩擦を避けるためにも、たっぷりと追加していきましょう。

ただし、これだけの量のローションを使うとなると、後片付けが心配になる人もいるかもしれません。「今は気持ちいいけど、この後、洗濯をしないといけない……」と考えると、なかなかセックスに集中できなくなるものです。ベッドがローションまみれになるのを避けるためには、介護用の防水シーツを使用するのがおすすめです。使い捨てのものから、何度も繰り返し洗濯できるものまで、種類もたくさんあるので、ぜひ自分の寝室に適したものを選んでみてください。

使えるものは介護用品も使う、これこそが熟年ならではの「セックスの知恵」です。

## 実践⑦ 熟年は「体位」にも知恵を絞る

熟年のセックスでは、体位にもひと工夫が必要です。加齢に伴う体力や筋力の低下は免れません。また、五十肩や腰部脊椎間狭窄症《きょうさくしょう》などの肩や腰の痛み、股関節や膝の痛みを訴える人も増えてきます。

しかし、だからといってセックスを諦めるのは非常にもったいない。体位の工夫をすれば、衰えや痛みを克服し、60代以降もまだまだセックスを楽しめます。

さて、もっともスタンダードな体位といえば「正常位」です。しかし、年齢を重ねると足腰の筋力が低下し、正常位で腰を振ろうとしても思うように脚に力が入らず、ピストン運動が続かなくなる人も多いようです。

そこでぜひ試してほしいのが、ベッドのヘッドボードを利用した正常位です。ヘッドボード、つまりベッドで頭を向ける側にある板に足をつけ、それを支えにしながらピストン運動を行うのです。ヘッドボードで足を支えることによって、力が逃げず、少しの力で太ももの内側の筋肉にぐっと力を入れることができます。必ずしもヘッドボードでなくても、体のどこか一か所を固定して支えにすれば、力が逃げることなく、ピストン運動が容易になります。

ヘッドボードに足をつければ、体勢としては、普段寝ているときとは正反対の方向を向いてセックスすることになります。見慣れた寝室の風景がいつもとは違って見えて、マンネリ防止にも一役買うでしょう。もしベッドではなく布団でセックスする場合は、ヘッドボードの代わりに壁に足をつければ、力強いピストン運動を実践できます。

ちなみに以前、「秘密の部屋」でこの体位について投稿したところ、さっそく翌日に試してくれた人がいました。その人によれば、足を踏ん張ることで肛門まわりの筋肉が意識され、骨盤底筋がしっかりと使えているような感覚があったそうです。即効性のあるスキルですから、ぜひ今夜からでも試してみてください。

また、正常位の際、女性の腰の下にクッションを入れるのもおすすめ。特に、肩に痛みを抱えており、覆いかぶさるように布団に手をつくのが苦しい人にはもってこいです。女性の腰の下、骨盤の位置にクッションを入れると下半身に高さが出ます。男性は女性の腰を抱え込むように挿入してピストン運動をすれば、布団に手をつく必要がなくなります。また、女性も中高年になると変形性股関節症や変形性膝関節症を患う人が増えてくるので、女性の体の負担も軽減されます。

正常位だけでなく「後ろから攻めたい」と思う男性には、ベッドの端で女性に四つんばいになってもらい、男性は立った状態で挿入する後背位がおすすめです。このとき足元に高さのある踏み台やクッションを置いてみましょう。足元に段差をつけることで、ピストン運動をしやすくなり、腰の負担も軽減されます。特に前かがみの体勢になると痛みを覚える腰部脊椎間狭窄症の人は、とても楽になるはずです。

さらに、体の負担の少ない体位としては、男女が横になった状態で男性が女性の後ろから挿入する側《そく》臥《が》位《い》もいいでしょう。妊婦の負担を軽減する姿勢を提唱したアメリカの医師・シムズに由来する「シムズの体位」とも呼ばれ、肌の密着度が高く、あいている手で相手を愛撫することもできます。また、相手の目を見て「愛しているよ」「気持ちいいよ」と伝えることが苦手な人も、後ろから耳元で囁くことができます。ピストン運動の力強さや足腰の筋力の衰えは、ちょっとした声かけや愛撫で補う、これも熟年のセックスを彩るスキルです。

逆に避けたい体位としては、男性が女性に覆いかぶさり、全体重をあずけるようにした正常位です。男性側の体重をすべてあずけられると、女性は圧迫感を覚えます。また、股関節への負担も大きいため、女性が変形性股関節症を患っている場合は、悪化させるおそれがあるため要注意です。

腹筋や背筋が衰える中高年になれば、男女ともに少しでも自分の体が楽な体位を試みようとするもの。男性のなかには、女性に動いてもらって「お任せ」状態でいられる騎乗位を好む人もいますが、女性が脚をM字に開く、いわゆるヤンキー座り状態で男性にまたがる騎乗位は、女性側の膝や股関節の負担も大きいので、できるだけ避けたいところです。

騎乗位をする場合は、女性が腰を上下ではなく前後にグラインドさせる騎乗位にしましょう。横たわっている男性もただ身を任せて相手が動いている様を傍観するのではなく、女性と手をつないだり、腰を支えてあげることで負担を軽減できます。こうしたちょっとした気遣いが、「私のことを思いやってくれている」という女性の実感や幸福感につながり、オーガズムにも達しやすくなります。

体の痛み、体力や筋力の低下……熟年のセックスは若い頃とは勝手が違うことを、自分もパートナーも互いが理解し合わなくてはなりません。そして、二人が協力してサポートし合う。それゆえ、激しいセックスは無理でも、二人の共同作業として深い絆を感じることができます。そして、よりいっそう愛情が増し、深いオーガズムに達することができる。こうして熟年のセックスが、「人生最高のセックス」となるのです。

## 実践⑧ 中折れ対策には「厚手のコンドーム」を

妊娠のリスクがなくなった場合、コンドームをつける必要がなくなると考える人がいるかもしれません。しかし、熟年カップルには、別の理由でコンドームが有効になることがあります。それは「中折れ対策」です。

勃起力が低下すれば、ときには膣の中での中折れに悩むことがあるでしょう。そこで厚手のコンドームを装着すれば、ひとつの解決策となります。コンドームは薄いほうがいいと考える人もいるかもしれませんが、厚手のコンドームは形状を保つ力が強く、ペニスをしっかりガードしてくれます。あたかもペニスを厳重にコーティングし、外側から柱のようにガッチリと支えてくれるイメージです。

最近では、0・12㎜という超厚手のコンドームも販売されています。一般的に販売されている薄手タイプは0・01㎜の厚さと頼もしさの違いは明らかです。

一方、刺激不足に悩む人は、思い切ってセックストイを使ってみてはどうでしょう。セックストイというとバイブレーターをイメージする人が多いかもしれません。しかし、近年では一見するとアダルトグッズとは思えない形状のものがたくさん販売されています。その代表例が、女性向けのメーカー「ｉｒｏｈａ」の製品です。

第三章でお話ししたとおり、年齢を重ねるにつれて皮膚の感覚は鈍くなっていきます。「若い頃のほうが感度がよかった」と思うのは、なにもおかしいことではありません。そのとき、過去の自分と比べて嘆くだけなのか、今に集中して、新たな挑戦をするのか？　そこが熟年のセックスの分岐点でもあります。

特にｉｒｏｈａの最新機種「iroha mai TSURU」は、最新技術の集大成ともいえる優れものです。バイブレーターというと、ウィンウィンと大きな音を立てて振動するイメージがあり、「これをアソコに挿《い》れるの?」と思わず躊躇《ちゅうちょ》してしまう女性は少なくないでしょう。しかし、このＴＳＵＲＵは「ゆったりとしたさざなみのリズム」や「立体的に素早くつつくようなリズム」など、振動のバリエーションが豊かで、なにより動きが繊細です。

また、スマートバイブリング「ｉｒｏｈａ ＳＶＲ」は、男女のカップルで使用するタイプのセックストイです。メス記号（♀）のような形状になっている同機のリング部分を男性器に装着したまま正常位で女性器に挿入して、二人同時に振動の快感刺激を味わうことができます。バイブレーターのように女性に一方的に使用するのが苦手という男性も、これなら二人の共同作業であることは変わらないので、使いやすいはず。また、指にはめて前戯に利用することもできます。

セックストイやローションといったアダルトグッズは「いかがわしい」「プロが使うもの」と思われていた時期もありましたが、近年はそのハードルはぐんと下がっており、インターネット通販などで手軽に購入できます。一昔前の「60代でセックスなんて」と思われていた時代が過ぎ、熟年でもセックスを楽しむのが当たり前になりつつあるように、セックストイやローションも熟年カップルのセックスの助けとして当たり前になる時代がきています。

## 実践⑨ テストステロンを味方につける「モーニングセックス」

時代とともに、当たり前が当たり前ではなくなる。いわばセックス新時代にあって、今、中高年の間でひそかなブームとなっているのが「モーニングセックス」です。長らく「セックスは夜にする」のが当たり前とされてきましたが、今は「朝」です。

以前、セックスの時間帯について「秘密の部屋」メンバーを対象に調査したところ、中高年の半数近くが「朝から昼にかけて」セックスしていることが明らかになりました。ひょっとすると日中にしか会えない相手としている人も含まれているかもしれませんが、明け方や午前中にパートナーとセックスしているという回答も少なくありませんでした。

では、なぜ午前中のセックスが中高年には適しているのでしょうか。ここでカギを握るのがテストステロンです。

テストステロンは、95%が睾丸《こうがん》でつくられ、分泌されます。筋肉や骨格の成長を促したり、性欲・性衝動を引き起こしたり、勃起のスイッチを入れる役割があり、メンタル面にも前向きな思考ややる気、集中力を起こす働きがあります。

この性欲、やる気を司るテストステロンの分泌量は、男性の場合は10代後半がピークで、その後は加齢とともに緩やかに減少していきます。また、ストレスや睡眠不足などの影響を大きく受け、減少の仕方には個人差があります。

そして、このテストステロンの分泌量は、一日単位でも時間帯によって変化します。これを「日内変動」といいます。テストステロンの値は、朝のほうが高く、夕方になるにしたがって低くなる特徴があります。つまり、性欲を司るテストステロンの分泌量が多い朝のうちにセックスをする「モーニングセックス」は、日内変動の観点からも非常に理にかなっているわけです。

もちろんセックスは相手が存在する行為ですから、パートナーが「朝、無理やり起こされるのはしんどい」という場合は無理強いはできません。しかし、朝起きてすぐに愛する人と通じ合う幸せを味わいながら一日をスタートすることは、とても素晴らしいものです。これまで、「セックスは夜にするもの」と思い込んでいた人は、ぜひ一度、モーニングセックスを試してみてほしいものです。

## ●「セックス＝挿入」ではない

ここまで熟年セックスの基礎となる「型」の具体例についてお話ししてきましたが、挿入を伴わないセックスも、熟年の性生活を彩ってくれます。なにも「セックス＝挿入」とは限らないのです。

具体的にはマッサージをする、裸のまま抱き合う、性器を愛撫する、互いの性器を舐める、キスをするなどの行為です。こういった挿入を伴わないセックスを「アウターセックス」といいます。アウターとは「外側の」という意味。このアウターセックスでも十分に心身ともに満たされる人が、中高年世代には実はたくさんいます。

次ページのグラフは、「秘密の部屋」で行ったアンケートの結果です。「中高年のセックスに挿入は要りますか？」という問いに対し、男女ともに「毎回、挿入しなくていい」という回答が全体の7割近くに達しました。主宰者の私もこの結果には少なからず驚きましたが、実にこれだけ多くの人が「挿入が伴わなくてもセックスは成立する」と考えているのです。

そして、その一方で、挿入があったとしてもセックスとはいえないこともあります。

これは富永ペインクリニックに来院した30代後半の女性のケースです。彼女をE子さんとしましょう。同い年の恋人と同棲しているE子さんの愁訴は、「セックスがつらい」でした。どうやらこの数か月、挿入時に激しい痛みを感じていたようです。E子さんは、このように語っていました。

「彼とは毎日セックスをしています。毎晩、寝る前に彼が必ず挿入してくるのですが、そのときはキスも前戯もありません。私の体調には一

**中高年のセックスに挿入は要りますか？（男女496人）**（人）

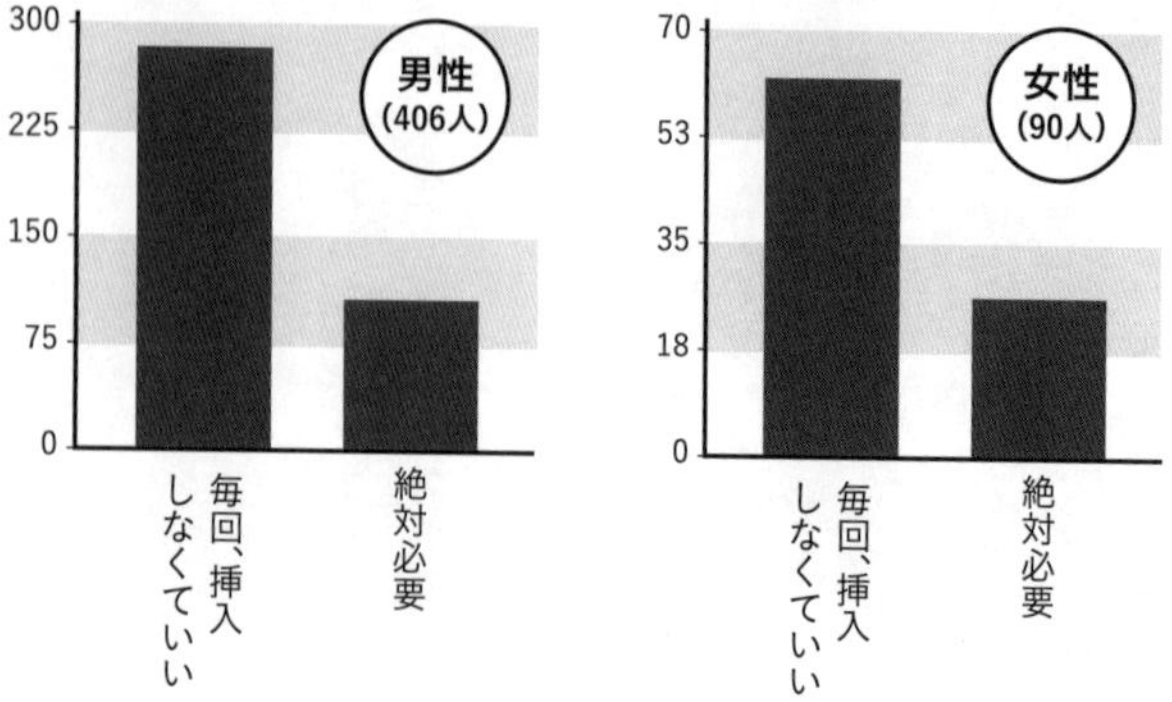


出典：オンラインコミュニティ「富永喜代の秘密の部屋」のアンケートより

切お構いなしです。生理のときは、口でしています。こんなに痛いなんて、私の体はどこかおかしいのでしょうか？」

E子さんの体には、どこもおかしいところはありません。E子さんに行われている行為は、セックスではなく彼女の体を使ったマスターベーションです。あえて強い言葉を使えば、排泄行為です。彼女の気持ちや体調など一切お構いなしに挿入してくる恋人の行為に対して、E子さんが痛みを覚えてしまうのは、ある意味当然といえます。彼女の痛みは、それが「セックスではないから」にほかなりません。

私がその旨を告げると、E子さんは初めは複雑そうな表情を浮かべていましたが、やがて「恋人とセックスについて話し合ってみます」と、どこかホッとした表情で語りました。

男女問わず、「挿入を伴わないセックスでは満足できない」と考える人もいますし、セックスの定義に絶対的な正解はありません。挿入しても、しなくても、その人がセックスだと思えばセックスなのです。

しかし、もし「挿入しなければセックスではない」と考えていると、パートナーのどちらかが加齢や性交痛、前立腺がんなどの病によって挿入ができなくなれば、そこで二人の性生活が強制的に終了してしまいます。平均寿命が延びている現代では、セックスできなくなった喪失感とともに残りの人生を過ごさなくてはなりません。

大切なのは、自分の考えるセックスの定義とパートナーの考えるセックスの定義にズレがないか、確認し合うことです。互いがどうセックスに向き合っているかを知れば、パートナーの欲求を満たせるヒントを得られるでしょう。人生100年時代は長期戦です。ぜひピロートークの合間にでも、一度、パートナーとセックスに何を求めているかを話し合ってみてください。きっと思わぬ発見があるはずです。

## ●感謝という後戯

これまで熟年の愛の作法についてお話ししてきましたが、いよいよ最後です。皆さん、セックスが終わったあとは何をしますか？　すぐにシャワーを浴びますか？　もしくは「ちょっと一服」とコーヒーを沸かしたり、タバコに火をつけるでしょうか？

第三章で、セックスにおけるフィードバックの大切さをお話ししました。「後戯ではピロートークが大切」とよくいわれますが、他愛のない会話で余韻を楽しむほかに、「あの体位が気持ちよかった」「今度は違う体位を試してみたい」など互いの感想を述べ合えば、次回以降のセックスがより豊かになります。逆に、一度もそうした意見交換がないままだと、「自分では相手も感じていると思っていた」という思い込みのまま、いきなり愛想を尽かされてしまう最悪のケースも考えられます。

そしてなにより、私が最後に皆さんにお伝えしたいのは、セックスのあとは必ず、互いに「感謝」してほしいということです。

今日、こうして愛する人と愛をたしかめ合うことができた。それは奇跡的なことです。

年齢を重ねるにつれて体は衰え、動脈硬化、高血圧や糖尿病などのリスクが上がります。骨密度の低下、集中力の低下、愛液の分泌能力の低下など、さまざまな変化が起こります。勃起力低下、ＥＤや中折れ、性交痛、挿入時痛、性欲減退などがいつ起こっても不思議ではありません。

ひょっとしたら明日、勃起ができなくなるかもしれない。もしくは、パートナーが性交痛を覚えるかもしれない……刻一刻と変化する時間の流れのなかで、私たちは生きています。パートナーとの離別・死別も非現実的な話ではなくなります。

今、感じている肌のぬくもり、そしてそこから伝わる愛情は、決して当たり前のものではないのです。ましてや「もう若い頃のようなセックスは、できなくなってしまった」な

ど と 感傷に浸っている暇はありません。

なにもありがたいと思って感謝しなさいと強制しているわけではありません。熟年になっても通じ合うことができた、そのかけがえのない相手にきちんと目を向ければ、おのずと感謝や慈しみの気持ちがわいてくるはず。そうした素直な気持ちが、人生の幸福度の高さにもつながっていくはずです。

「人生最高のセックスは何歳ですか?」というアンケートで、「60代」と答えた人たちは、きっと「今、この瞬間」を生き、目の前の相手と真摯《しんし》に向き合っているのだと思います。

「性」は「精」であり、「生」です。

今を生きる――これこそが、60歳からのセックスの真髄です。

# おわりに

「セックスってすごいことですよね、先生。だって、他人の体の一部が自分の中に入ってくるのを許すなんて、これ以上深い結びつきがあるでしょうか」

これは60代の知人女性の言葉です。専業主婦の彼女は、今でこそ夫と二人で静かに暮らしていますが、かつては「恋多き女」として性に奔放な時期もあったといいます。今は夫婦で成熟した性生活を楽しんでいる彼女が、しみじみと口にしたのが先ほどの言葉でした。酸いも甘いもかみ分けてきた彼女が、60歳を過ぎてセックスの意味に感動している。私は、思わず大きく頷いたものです。

もしあなたが苦手な異性から体を触れられたとしたら、顔をしかめたり、さっと体をこわばらせたり、なんらかの拒否反応を示すことでしょう。しかしセックスは、触れるどころか彼女の言葉を借りれば「侵入」を許す行為です。自分自身のアイデンティティにも直結する「性」に、他者を愛を持って受け入れる経験は、どれほど代え難く貴重なものか……年齢を重ねたからこそ、改めて実感する人も多いと思います。

すでにここまで読み進めた皆さんならおわかりかと思いますが、セックスがマスターベーションと大きく違う点は、「相手が存在する」という事実です。他者と体を重ね、意味のある関係を築いていこうとするならば、単なる肉体関係を超えて、相手とどのように通じ合い、どのようにコミュニケーションしていきたいかが問われます。これは、他者との関わり方、ひいては自分の生き方にまで通じるものだといえるでしょう。

60代は若い頃には考えもしなかった別れや死が身近な存在になり、不安も増してくる時期です。また、体力の衰え、予期せぬ病など、体調面でも大きな変化が生まれてきます。そのような時期に私たちを襲う寂しさや心もとなさ、息苦しさが、肌と肌の触れ合いを通じて和らぐことは、本書でも繰り返しお話ししました。また、心のこもったセックスを通じて、愛情を確認し、自分らしさを取り戻せば、生きる力がわき上がります。何度もいいますが、「性」は「精」、そして「生」そのものなのです。

そして、よりよいセックスをするためには、愛情を効果的に伝えるスキルを身につけ、相手と親密なコミュニケーションを築くことがとても大切です。必要であれば、正しい知識をもとにＥＤ治療薬やローションなどに頼るのもいいでしょう。また、日々のトレーニングやセルフケアも、60代からは欠かせません。そのような積み重ねが、やがて「最高のセックス」として花開きます。

日々の暮らしを送るなかで、今の自分と過去の自分を比較するのではなく、どうぞ「今日の自分」を慈しんでください。中高年には、これまでの経験の数だけ「人生の知恵」が備わっています。これは若い頃にはなかったものです。「あの頃はもっと体力があったのに……」「昔ならもっと前向きにセックスに向き合えたのに」などと戻らない時間を悔やむよりも、今を生きる。灰になるまで生ききる。

私自身、ときに過去の思い出にとらわれたり、戻らない過去への喪失感や寂しさに襲われることもあります。ですが、今を生きれば、その先にもっと大きな喜びが待っています。「人生最高の夜」は、まだ先にあるのです。この本が、性と生を前向きに考える皆さんの生活を彩るヒントになればと、切に願っています。

最後になりましたが、この本を企画・編集してくださった扶桑社の宮下浩純さん、ライターのアケミンさんには多大なるご協力を賜りました。そして、オンラインコミュニティ

「富永喜代の秘密の部屋」のメンバーに、深い感謝の意を表します。

富永ペインクリニック院長　富永喜代

構成　アケミン
カバーデザイン　小栗山雄司
校閲　小出美由規

富永喜代（とみなが きよ）

痛みで苦しまない人生を医学で導く「痛み改善ドクター」。愛媛県松山市にて富永ペインクリニックを開院。性の悩み専門の性交痛外来を開設し、全国から8000人以上がオンライン診断を受ける。医療×ITで人生100年時代を豊かにするデジタルドクターである。たしかな腕とユニークなキャラクターが人気を博し、テレビをはじめメディア出演多数。また、10万部のベストセラーとなった処女作『こりトレ』（文藝春秋）をはじめ、これまで著書累計は95万部。YouTubeチャンネル『女医　富永喜代の人には言えない痛み相談室』は、中高年の性事情に特化した内容で登録者数24万人。総再生回数5000万回を超える。SNS総フォロワー数は38万人。Facebookライブは年間1000万人以上にリーチし、日本最大級のオンラインセックスコミュニティ（会員数1.5万人）「富永喜代の秘密の部屋」を主宰する

扶桑社新書469

女医が導く60歳からのセックス

発行日 2023年7月1日　初版第1刷発行

著　　者………富永 喜代
発 行 者………小池 英彦
発 行 所………株式会社 扶桑社
〒105-8070
東京都港区芝浦1-1-1 浜松町ビルディング
電話 03-6368-8870（編集）
03-6368-8891（郵便室）
www.fusosha.co.jp

DTP制作………Office SASAI
印刷・製本………株式会社 広済堂ネクスト


Printed in Japan　ISBN 978-4-594-09485-0